교실 속 **서각교육**의
이해와 실제

창의·인성교육 – 문화예술교육

교실 속 서각교육의 이해와 실제

이항녕 · 김현진 지음

한국학술정보[주]

머리말

　글로벌 지식사회에서는 창의성뿐 아니라 더불어 살 줄 아는 능력이 요구되는 '창의성'과 '인성'을 함께 갖춘 인재상을 요구하고 있다. 창의성을 '새롭고 가치 있는 것을 만들어낼 수 있는 역량'이라고 정의한다면 인성은 '창의성을 사회 속에서 의미 있게 발현시킬 수 있는 역량'이라 할 수 있다.

　이러한 때에 교과부에서는 수시개정의 원칙에 맞추어 2009 개정교육과정을 발표하였는데 그 핵심은 창의·인성교육과 창의적 체험활동이다. 창의·인성교육의 저변에는 문화예술교육을 통한 인성과 창의성의 동반 상승을 기대하고 있다.

　우리나라는 일찍이 강화도 선원사에서 서각의 뿌리가 되는 고려팔만대장경을 제작하여 우리 국민들을 하나로 모았던 일이 있다. 이러한 자랑스러운 전통은 현대서각의 활성화로 이어져오고 있다.

　오늘날 書刻은 단순히 글자를 새겨 칠하는 행위뿐만 아니라 書와 刻, 刻과 色, 문자조형의 결합을 통해 인간들의 원초적이고 순수한 감정을 표출하는 고차원의 종합예술로 성장하며 많은 미술인들의 주목을 받고 있다.

　이러한 서각활동이 교육과의 접목을 통하여 문화예술교육의 영역으로 자리 잡아 가고 있는 것이다. 2009 개정교육과정과 함께 강조되고 있는 창의·인성교육과 그 맥을 같이 하고 있다고 볼 수 있다. 이러한 노력으로 본 교재는 창의·인성교육 및 문화예술교육에 관심과 실력을 가진 교사가 집필진으로 참여하여 제1부에서는 2009 개정교육과정과 창의·인성교육의 이해 및 문화예술교육의 중요성에 대해 소개하였고, 제2부에서는 서각교육의 이론적인 고찰, 제3부에서는 교실 속에서 이루어지는 서각교육 프로그램과 적용에 대한 창의·인성 수업 자료들을 소개하고 있다.

끝으로 집필진의 노력으로 인한 결실을 맺을 수 있도록 기꺼이 출판을 허락해 주신 출판사 관계자 여러분께 감사의 인사를 드린다.

2011년 8월

이항녕·김현진

::목 차

II

서각교육의 이론적 고찰

Ⅲ

서각교육의 실제

I

창의·인성교육과 문화예술교육에 대한 이해

1. 2009 개정교육과정과 창의·인성교육

2009 개정교육과정의 골자는 창의·인성교육이다. 대부분의 교육 전문가들은 미래인재들의 핵심역량으로 '창의성'과 '인성' 혹은 이들이 '융합된 역량'을 꼽고 있다. 글로벌 지식사회에서는 창의성뿐 아니라 더불어 살 줄 아는 능력이 요구되는 '창의성'과 '인성'을 함께 갖춘 인재상을 요구하기 때문이다. 창의성을 '새롭고 가치 있는 것을 만들어낼 수 있는 역량'이라고 정의한다면 인성은 '창의성을 사회 속에서 의미 있게 발현시킬 수 있는 역량'이라 할 수 있다. 그러면 그동안 우리가 해온 창의성과 인성 교육과는 다른 것인가? 다르다면 어떻게 다르다는 말인가? 교육현장에서는 그동안 창의성과 인성 각각의 교육에 대해 중요성을 알고 오랫동안 실천해 왔다. 하지만 특정 학생이나 일부교과에 한정되는 경우가 많았으며 창의성과 인성교육을 각각 진행하는 경우가 많았다. 창의·인성교육은 영재 등 특정 학생을 위한 한정된 교육이 아니라 모든 학생을 대상으로 일상적으로 이루어지는 포괄적인 교육이며 교과활동, 창의적 체험활동, 가정교육 등 모두를 통해 종합적으로 함양해야 하는 자질 교육이다. 인성 개발이 곧 창의성 개발로 이어지는 상호 동반 효과가 있으므로 창의·인성교육은 창의성과 인성을 동시에 함양해

야 하는 교육인 셈이다. 창의·인성교육은 어디선가 갑자기 나타나서 새롭게 시행되는 것이 아니고 기존의 교수-학습을 바탕으로 학생들이 조금 더 창의적이며 그 과정상에서 바른 생각을 갖으며 학습하도록 하기 위한 것으로 볼 수 있다. 이어지는 내용에서는 2009 개정교육과정에서 강조하는 창의인성교육에 대하여 구체적으로 하나씩 알아보기로 하겠다.

가. 창의·인성교육의 배경

1) 추진 배경

교육의 근본 목적은 미래를 살아갈 수 있는 힘을 키우는 것이다. 미래 사회에는 다양한 학문과 기술들이 융합되어 새로운 지식과 가치를 창출할 것으로 전망되며, 현재 교육받는 학생들에게 미래에 마주치게 될 다양한 기회와 도전에 대해 준비시키는 것이 국가의 의무인 셈이다. 미래사회는 지식기반사회, 정보화 사회, 세계화 사회, 다원화 사회 등의 사회가 될 것이며 이러한 미래 교육은 '집어넣는 교육'이 아니라 '끄집어내는 교육'이 중심이 되어야 하며, 학생들의 잠재력과 바람직한 가치관을 '찾고 키워주는' 교육의 핵심에 '창의성'과 '인성'이 존재하는 것이다. 바람직한 미래의 인재상으로 개인의 흥미, 재능, 역량, 가치관 및 비전 등을 살려서 가족, 지역사회, 국가와 세계에 가치 있는 일을 할 수 있는 사람을 말하는데 한국의 과거 성장은 '모방형 인적 자본'이 주도하였으나, 미래의 성장동력은 새로운 것을 생각하고 만들어 내는 '창조적 인적 자본'에 있음을 알아야 할 것이다.

즉, 국가의 경쟁력은 결국은 창의적 인재의 경쟁력이며, 이러한 창의성과 함께 국민들의 인성함양 또한 선진국 진입 및 국가경쟁력 강화를 위해 반드시 필요한 사회적 자본인 것이다. 창의성과 인성 함양은 바람직한 교육의 차원을 넘어서 미래 사회에서 개인과 국가의 생존과 직결되는 문제이다.

2) 2009 개정교육과정

2009 개정교육과정은 '하고 싶은 공부, 즐거운 학교'가 될 수 있도록 하자는 것으로 학생의 지나친 학습 부담을 감축하고 학생들의 흥미를 유발하며, 단편적인 지식, 이해 교육이 아닌 학습하는 능력을 기르고, 배려와 나눔의 실천을 추구하는 교육과정으로 아래와 같은 특징을 가지고 있다.

○ 교과군 및 주제중심 학습으로 학기당 이수 과목 축소를 통한 학습 효율성 신장 및 자기주도 학습을 가능하게 한다.

○ 창의적 체험활동 도입을 통한 창의 인재 육성을 위해 초등학교는 주당 3시간을 운영한다.

○ 학교별로 창의성과 인성을 함양할 수 있는 다양한 교육과정 운영이 가능하도록 하며 이러한 2009 개정교육과정으로 창의·인성교육을 위한 여건이 마련되었다.

■ 창의성과 인성교육(창의·인성교육) 강화를 위해 교과활동 시간과 창의적 체험활동 시간을 망라한 다양하고 실질적인 프로그램들을 본격 운영하여 타인을 배려하고 더불어 살면서, 미래를 개척하고 함께 발전할 수 있는 능력 함양 필요

나. 창의·인성교육의 개념

교과부는 창의·인성의 개념을 '새로운 가치를 창출하고 동시에 더불어 살 줄 아는 인재'를 양성하는 미래 교육의 본질이자 궁극적인 목표'로 제시하면서 아래와 같은 네 가지 가치를 제시하였다.

○ 포괄성
- 창의·인성교육은 영재 등 특정 학생을 위한 한정된 교육이 아니라 모든 학생을 대상으로 일상적으로 이루어지는 포괄적인 교육이다.
- 교육 내용도 자신의 이해부터 타인에 대한 관심과 배려, 환경 등 전 지구적

문제의 창의적인 해결 노력까지 포괄하고 있다.

　○ 종합성

　- 창의·인성교육은 일부 교과나 활동에서만 담당하는 것이 아니라, 교과활동, 창의적 체험활동, 가정교육 등 모두를 통해 유아 단계에서부터 종합적으로 함양해야 하는 자질 교육이다.

　- 창의·인성교육은 학교 안팎의 다양한 물적·인적 자원과 방법을 활용하여 적극적인 개발과 노력이 요구되는 교육이다.

　○ 미래지향성

　- 창의·인성교육은 부정적 이미지의 관행적인 교육이 아니라 '즐거움, 스스로, 중요한' 등 긍정적 이미지의 미래형 교육을 말한다.

　- 더욱이 '점수 올리는 방법'을 가르치는 현 사교육의 존재 기반을 근원적으로 제거하며, 공교육을 정상화하고 경쟁력을 높이는 교육이다.

　○ 동시성

　- 창의·인성교육은 창의성과 인성을 동시에 함양하는 교육이다.

　- 창의성과 인성은 개방성 등과 같이 그 구성 요소 자체가 같거나, 협동능력 향상 등과 같이 인성 개발이 곧 창의성 개발로 이어지는 상호 동반 효과가 큰 쌍둥이 자질을 가지고 있다.

다. 창의·인성교육추진의 방향

　창의·인성교육은 교과교육과 창의적 체험활동의 두 가지로 이루어진다.

1) 교과활동에서의 창의·인성교육

초등학교의 모든 교과활동을 미래 인재로서 필요한 전문지식 습득과 더불어
창의성과 인성 함양의 기회와 시간으로 이용

○ (국어 등 일반교과) 각종 교과목별로 교과특성에 맞게 교육내용, 교육방법 등에 창의성과 인성 함양을 위한 요소들을 적극 포함하여 학력 신장과 창의·인성 교육을 동시에 추구하고 있다.

* 교과특성에 따라 글쓰기, 그리기, 만들기, 토론·발표, 관찰·실험, 연구과제 등 창의·인성 함양을 위한 수행평가 비중을 강화한다.

○ (도덕 등 특정교과) 각 교과목을 통해 자연스럽게 교육된 창의·인성 내용들을 종합적으로 실현할 수 있도록 교육내용 및 평가에 체험활동 요소 대폭 강화한다.

○ (녹색교육 등 범교과) 해당 교과목이 담당하는 주제에 대한 교육과 더불어, 공존·배려 등의 창의·인성 요소를 녹색 등 특정 주제를 중심으로 현장감 있게 학습하는 기회로 활용한다.

* 예시: 녹색교육을 통해 전 지구적인 환경 문제를 경제·사회문제와 통합적으로 이해하여 책임 있는 세계시민의식을 함양하고, 기후변화 대응 및 녹색성장을 위한 다양한 문제접근 및 해결방법을 창의적으로 제시한다.

* 교과활동에 창의·인성 교육 내용 및 방법 반영 예시

	언어	수리	사회	과학	예체능
국어 등 일반 교과	의사소통능력 문화다양성	문제해결력 분석력	시민의식 개방성	상상력 탐구력	독창성 감수성
	글쓰기 독서토론 등	교구이용 기하수업 등	지역사회참여 자원봉사 등	팀단위 실험· 탐구활동 등	단체경기, 무용, 그룹창작 등
+					
도덕 등 특정 교과	교과 프로젝트, 사례 연구, 융합형 교육과정 등				

○ (구체화·체계화) 교과별 교육과정에 준하는 수준의 '창의·인성 교육방법(과정)'을 마련하여 교과별로 담당할 창의·인성교육 내용을 구체화한다.

- 국어 등 교과별 교육과정이 습득해야 할 지식의 종류를 제시(무엇을 학습)하는 반면, 창의·인성 교육방법은 지식 습득에 있어 창의성과 인성을 같이 함양하는 방법론 중심(어떻게 학습)으로 구성한다.

* 예: 문제·사례·시나리오·프로젝트 중심 학습, 리서치·토론 학습, 협력 학습 등

- '09 개정 교육과정 2단계 개정 등 각 교과별 교육과정 개정 시 해당 교과의 고유 교육내용과 창의·인성 교육 내용을 동시에 반영한다.

○ (교과서·교수법 개선) 습득해야 할 지식을 근간으로 토론·탐구 등이 반영되어 도전과 창의적 사고를 끌어내는 교과서와 교수법으로 개선한다.

- 교과서 편찬 및 검·인정 기준, 교과서 개발팀 또는 교과서 검·인정 위원 등에 창의·인성 교육 관련 내용 및 전문가를 참여 시킨다.

- 장기적으로는 학생들에게 충분한 탐구와 해결 시간을 부여할 수 있도록 교육 범위도 미래사회가 요구하는 핵심 능력 중심으로 조정한다.

- 학교 다양화, 교과교실 등도 창의·인성 교육 측면에서 적극 활용한다.

* 예: 집중이수제, 블록타임제 등을 활용하여 학생들이 창의적으로 사고하고, 스스로 만들어 낼 수 있는 여유(시간) 확보 등

2) 창의적 체험활동

창의적 체험활동은 교과 이외의 활동으로서 교과와 상호보완적 관계에 있으며, 앎을 적극적으로 실천하고 나눔과 배려를 할 줄 아는 창의성과 인성을 겸비한 미래지향적 인재 양성을 목적으로 한다. 창의적 체험활동은 기본적으로 자율성에 바탕을 둔 집단 활동의 성격을 지니고 있으며, 집단에 소속된 개인의 개성과 창의성도 아울러 고양하려는 교육적 노력을 포함한다.

창의적 체험활동 교육과정은 자율활동, 동아리활동, 봉사활동, 진로활동의 4개

영역으로 구성된다. 각 영역별 구체적인 활동 내용은 학생, 학급, 학년, 학교 및 지역사회의 특성에 맞게 학교에서 선택하여 융통성 있게 운영할 수 있다. 여기에 제시되는 영역과 활동 내용은 권고적인 성격을 띠고 있으며, 학교에서는 이보다 더 창의적이고 풍성한 교육과정을 선택과 집중하여 운영할 수 있다.

초등학교의 창의적 체험활동에서는 학생의 기초생활습관의 형성, 공동체 의식의 함양, 개성과 소질의 발현에 중점을 둔다. 창의적 체험활동에서는 학생의 자주적인 실천 활동을 중시하여 학생과 교사가 공동으로 협의하거나 학생들의 힘으로 활동 계획을 수립하고 역할을 분담하여 실천하게 한다. 아울러, 지역과 학교의 독특한 문화 풍토를 고려하여 특색 있고, 인적 물적 자원과 시간을 폭넓게 활용하여 융통성 있게 운영하는 것이 중요하다.

학생들은 창의적 체험활동에 자발적으로 참여하여 개개인의 소질과 잠재력을 계발·신장하고, 자율적인 생활 자세를 기르며, 타인에 대한 이해를 바탕으로 나눔과 배려를 실천함으로써 공동체 의식과 세계 시민으로서 갖추어야 할 다양하고 수준 높은 자질 함양을 지향한다.

가) 각종 행사, 창의적 특색 활동에 자발적으로 참여하여, 변화하는 환경에 적극적으로 대처하는 능력을 기르고, 공동체 구성원으로서의 역할을 수행한다.

나) 동아리활동에 자율적이고 지속적으로 참여하여 각자의 취미와 특기를 창의적으로 계발하고, 협동적 학습능력과 창의적 태도를 기른다.

다) 이웃과 지역사회를 위한 나눔과 배려의 활동을 실천하고, 자연환경을 보존하는 생활습관을 형성하여 더불어 사는 삶의 가치를 깨닫는다.

라) 흥미와 소질, 적성을 파악하여 자기 정체성을 확립하고, 학업과 직업에 대한 다양한 정보를 탐색하여 자신의 진로를 설계하고 준비한다.

<표 1> 창의적 체험활동 세부 활동 영역

영 역	성 격	활 동
자율활동	학교는 학생 중심의 자율적 활동을 추진하고, 학생은 다양한 교육 활동에 능동적으로 참여한다.	- 적응 활동 - 자치 활동 - 행사 활동 - 창의적 특색 활동 등
동아리활동	학생은 자발적으로 집단 활동에 참여하여 협동하는 태도를 기르고 각자의 취미와 특기를 신장한다.	- 학술 활동 - 문화 예술 활동 - 스포츠 활동 - 실습 노작 활동 - 청소년 단체 활동 등
봉사활동	학생은 이웃과 지역사회를 위한 나눔과 배려의 활동을 실천하고, 자연환경을 보존한다.	- 교내 봉사활동 - 지역사회 봉사활동 - 자연환경 보호 활동 - 캠페인 활동 등
진로활동	학생은 자신의 흥미, 특기, 적성에 적합한 자기 계발 활동을 통하여 진로를 탐색하고 설계한다.	- 자기 이해 활동 - 진로 정보 탐색 활동 - 진로 계획 활동 - 진로 체험 활동 등

라. 창의·인성교육 요소

1) 창의성을 촉진하는 인성

○ 창의성을 촉진하는 덕목들은 각 덕목의 사전적이고 철학적인 의미를 추구하기보다는 창의성에 실제로 기여할 수 있는 능력의 개념으로서 재구조화, 재개념화시킨다.

○ 기존 인성교육의 착한 도덕군자 양성, 이타성 강조를 목표로 하는 것이 아닌 창의성을 촉진하고 창의성을 발현하는 데 도움이 되는 '능력으로서의 인성'을 의미한다.

○ 모든 학교 급별에 적용 가능한 덕목을 선정한다.

- 정직: 객관적인 기준에 따라 있는 그대로의 결과를 받아들일 수 있음

- 약속(신뢰): 자신에게 주어진 역할을 정확하게 이행

- 책임: 주인의식으로서 적극적으로 과제를 수행

- 배려(존중): 다문화, 다학문 등의 다양성을 받아들이고, 상충되는 의견과 합의에 이르는 능력
- 소유(절제): 타인의 지적, 물적 능력, 성과 등을 인정하고 자신의 역량에 맞는 결과를 받아들임
- 공정: 사적, 주관적, 개인적 입장에서 벗어나 객관적이고 보다 도덕적인 가치를 선택하는 행동

2) 창의성의 심리적 특성

○ 창의적 성취와 관련된 개인의 특성은 학자들마다 다양하게 제시되고 있다. 그러나 대부분의 학자들에게서 공통적으로 인정받는 특성은 아래의 내용으로 정리될 수 있다.

○ 독립성
- 용기: 모험심이나 개척자 정신이 강하고 위험을 무릅쓰더라도 원하는 것을 성취하려는 성향으로, 도전정신이 강하고 어떻게 해야 하는지 잘 모르는 상황에서도 두렵지 않음을 말한다.
- 자율성: 타인의 말에 부화뇌동하지 않고 자기 나름대로의 선택과 행동을 하는 성향으로, 남들이 뭐라고 해도 별로 신경을 쓰지 않고 스스로 해답을 찾는 것을 좋아함을 말한다.
- 독창성: 아이디어와 사고에 있어 유연하고 재치 있으며 비관습적이고 상투적인 것에 싫증을 내는 성향으로, 독특함이나 사고와 행동에서 독특함·차별성을 말한다.

○ 개방성
- 다양성: 새로운 아이디어나 다른 견해를 잘 수용하고(애타주의 포함) 새로운 경험과 성장에 개방적이며 편견이 없고 진보적인 성향을 말한다.
- 복합적 성격: 서로 모순되는 정반대(양극)의 성격을 동시에 가지고 있으면서

도 아무런 갈등도 느끼지 않고 똑같은 강도로 두 가지를 모두 경험하게 되는 성향을 말한다.

　- 애매모호함에 대한 참을성: 해결 중인 문제의 부분들이 서로 맞지 않을 때 종종 불확실한 기간이 있게 되고, 일반 사람들은 그 기간에 느낄 수 있는 긴장과 이완을 이용하기보다는 압박감을 느껴서 빨리 결정을 내리고 싶어 함. 하지만 창의적인 사람들은 이러한 모호함을 잘 견뎌냄으로써 문제의 어려운 측면이 해결될 수 있는 시간을 충분히 가질 수 있다.

　- 감수성: 미세한 것과 미묘한 뉘앙스를 느끼고 감지하는 것을 의미한다.

○ 몰입

　- 몰입(flow)은 어떤 활동에 깊게 빠져들어 시간의 흐름이나 공간, 나아가 자신에 대한 생각까지도 잊어버리게 되는 심리적 상태를 말한다. 오랜 시간 동안의 탐구과정과 필수적인 지식획득이 기반이 되어야 하는 창의성은 하고 있는 일에 남다른 열정과 끈기를 갖고, 창조과정 자체를 즐기는 몰입의 과정에서 발현된다.

　- 하위요소: 열정, 즐거움, 성실, 끈기

○ 호기심/흥미

　- 창의적인 사람은 주변 현상과 문제들을 매사 경이롭게 생각하고 끊임없는 질문과 깊은 흥미를 보인다. 이와 같은 높은 호기심과 흥미는 내적동기와 몰입을 직접적으로 유발하고 촉진하여 창의성 발현을 이끄는 필수적인 성향의 특성이다.

○ 창의인지기능

　- 심리학자들은 창의성을 발휘하기 위해서는 초인지능력과 같은 일반적인 인지기능(사고의 수렴)과 확산적 사고와 같은 창의성관련 인지기능(사고의 확장)이 필요하다고 주장하였다.

　- 사고의 확장: 다양한 각도에서 새로운 가능성이나 아이디어를 다양하게 생성해내는 사고능력을 말한다.

a. 상상력/시각화 능력(imagination/visualization): 시각화는 이미지나 생각(아이디어)을 정신적으로(마음속으로) 조작할 수 있고, 마음의 눈으로 사물을 보고 상상할 수 있는 능력을 말한다.

b. 유추/은유적 사고(analogical/metaphorical thinking): 둘 혹은 그 이상의 현상들 사이에 유사하거나 일치하는 내적 관련성을 발견하는 사고기술로, 대부분의 창의적 사고와 산물들은 유추·은유적 사고에서 나온다.

- 사고의 수렴: 가장 유용하고 적절한 것을 찾아내는 능력

a. 비판적 사고(critical thinking): 편견, 불일치, 견해 등을 인식할 수 있는 능력으로 분석적 사고, 반성적 사고, 문제해결 등을 의미한다.

b. 논리/분석적 사고(logical/analytical thinking): 부적절한 것에서 적절한 것을 분리해 내고 합리적인 결론을 끌어내는 능력으로, 남들은 당연히 여기는 것도 왜 그런지 생각해 보는 것을 말한다.

c. 문제발견/문제해결력(problem finding/problem solving): 문제해결이란 인지전략이나 창의적 사고력, 비판적 사고력 같은 고차원적인 인지적 능력들을 활용하여, 주어진 문제와 연관되어 있는 장애요소를 극복함으로써 바람직한 목표 상태에 도달하기 위한 일련의 사고활동을 말한다. 즉, 문제발견은 문제를 찾아내거나 형성하고 창조하기 위한 행동, 태도, 사고과정을 일컬으며, 문제표현, 문제구성, 문제제기, 문제형성, 문제확인, 창의적 문제발견, 문제정의 등의 용어로 표현되는 다양한 행동과 기술, 경향성의 복합체라고 할 수 있다.

2. 문화예술교육의 이해

가. 문화예술교육의 개념 및 필요성

문화예술교육이란 용어는 근래에 사용되어지기 시작한 것으로, 이전에는 문화교육과 예술교육의 개념이 명확한 구분 없이 같은 맥락에서 혼용하여 사용되어 왔다. 이에 따라 우선 문화교육과 예술교육으로 나누어 설명한 후 문화예술교육의 개념을 이야기 하고자 한다.

문화(culture)의 어원은 라틴어의 밭을 '경작하다', 혹은 신체를 '훈련하다'와 같이 과정(process)을 의미하는 'cultivate'에서 비롯되었다. 처음에는 주로 농작물이나 동물 등과 같이 자연을 대상으로 사용된 이 개념은 이후 '인간의 마음을 가꾼다'는 의미와 같이 인간의 영역으로 확장되었다.

문화의 개념과 마찬가지로 문화교육은 매우 광범위한 의미를 내포하고 있다. 1982년 유네스코는 문화정책선언에서 문화란 '한 사회 또는 사회집단을 특징짓는 고유의 정신적, 물질적, 지적, 그리고 정서적인 특징들의 총체'라고 고려하고 '예술, 언어, 문학에 추가해서 전통, 그리고 신념'들을 포함하였다. 여기서 교육을 문화와 발전, 그리고 문화적 발전을 위한 교육에 의의를 두고 문화교육의 내용을 한정하고자 하면 다음과 같은 것들을 포괄할 수 있다. 지식에의 안내와 문화유산의 감상 및 현대문화생활에의 안내, 문화가 확산되고 진화하는 과정에 대한 친숙화, 문화유산들과 현대 문화 간의 불가해한 연결과 동등한 존엄성의 인정, 미적, 예술적 교육, 윤리적, 시민적 가치들의 훈련,

결국, 문화교육은 미술, 음악, 연극, 영화 같은 특정 예술 장르뿐만 아니라 삶의 양식, 삶을 충족하는 것, 여가 즐거움을 위한 것 등과 같은 넓은 범위의 교육 내용을 포괄한다고 볼 수 있다.

'예술(art)'이란 개념의 어원을 보면 그리스어 'techne'에서 유래하였다. 오늘날 이 단어는 미적 예술을 의미하는 예술이 아닌 technic, 즉 기술의 뜻으로 쓰이지만

그리스에서는 예술과 기술의 복합 개념이었다. 조각가가 건축에서 석공이나 목공 일도 하였기 때문이다. 수공 기술 또한 예술에 포함되었다. 중세기에서 예술은 장인적 예술로서 그 의미가 제한되었으나 근대 르네상스 시대와 계몽주의 시대를 거치면서 미적 예술과 장인 예술이 구분되었고 이때부터 미적 예술을 예술이라고 불렀다. 예술은 미의 창출에 근본적인 뜻을 둔다. 이 본질적인 의미는 18세기에 확립되어 내려왔다. 미를 목표로 삼고 미를 달성하는 의도적인 과제가 예술에 부여되었고 예술가들은 작품 속에서 미적 가치를 함유시키는 노력을 해왔다. 그러므로 예술교육은 예술 이해 및 예술적 자질 함양을 위한 교육으로서 예술활동에 필요한 기술교육과 예술가 양성을 위한 직업교육이라고 할 수 있다. 학습자는 예술교육을 통해 자신을 창의적으로 표현하고, 예술 활동에 주체적으로 참여함으로써 보다 풍부한 미적 경험과 감수성을 가질 뿐만 아니라, 심미적인 즐거움 및 정서적인 안정을 찾을 수 있어 인성교육적 측면에서도 도움이 된다. 우리나라에서 문화예술교육이라는 용어는 사실상 정책적으로 형성된 것이라고 볼 수 있다. 학문적으로는 이보다 예술교육이라는 용어가 더욱 널리 사용되어 왔다. 하지만 한국적 상황에서 예술교육은 전통적으로 음악, 미술 등 각 장르별 실기교육을 지칭하는 것으로 협소하게 이해된 측면이 강했다. 최근 주5일 수업제와 여가시간의 확대, 신자유주의 교육 정책 추진 등 커다란 교육 내부의 변화와 함께 예술교육을 통한 문화 교육적 측면이 더욱 강하게 논의되었는데, 이는 서구적 개념의 예술교육이라는 용어로 담아내는 데 한계가 있었다. 이에 따라 전통적인 예술교육 개념과 함께 새롭게 제기되어 오던 문화교육 개념을 통합하여 문화예술교육이라는 용어로 자리 잡게 되었다. 백령은 앞에서 정책적으로 정의한 것과 달리 의미상으로서의 문화예술교육을 '예술교육을 근간으로 하여 현행 예술교육이 지향하는 미적 감수성 함양, 창의성 육성 등 예술교육의 교육적 가치들을 통해 사회문화적 맥락에서 국민의 문화적 삶의 질 향상과 국가의 문화역량 강화를 이끌어내는 교육'으로 정의하였다.

이를 통해 볼 때 문화예술교육은 기초예술교육이 공통적으로 추구하는 창의성 육성, 미적정서 함양, 미적감수성 함양을 기본목표로 설정하고 이를 통해 문화예술을 창작하고 향유하며, 예술을 통해 서로 소통, 이해하고, 나아가 문화를 비평하고 애호하는 진정한 문화예술 향수자를 육성하는 것을 목적으로 삼는다고 볼 수 있다.

오늘날 학교 내·외적 환경의 변화에 부응하기 위해서 문화예술교육 활성화의 필요성이 더욱 대두되고 있는데, 이를 살펴보면 다음과 같다.

첫째, 여가활동의 질적 향상을 위해서 문화예술교육이 활성화되어야 한다.

2012년부터 전면 시행될 '주5일 수업제'에 대처하기 위해서 문화예술교육이 활성화될 필요가 있다. 주5일 수업제는 다양한 여가활동에 대한 사회적 수요의 증가를 가져오고 여가를 어떻게 활용할 것인가 하는 것이 국민 개개인의 삶에서 중요한 요소로 부각되고 있다. 또한 주5일 수업제의 도입은 학교 중심의 학습개념이 평생학습의 관점으로 변화함에 따라 '삶의 질(quality of life)'의 향상을 추구하는 모든 사람들에게 다양한 교육의 기회를 제공하여야 한다는 것을 의미한다.

둘째, 균형적 인간성 육성을 위해 문화예술교육이 활성화될 필요가 있다.

스마트 교육 시대의 e-Learning의 새로운 교육패러다임으로 인해 현대사회는 인간적 교감의 결핍에서 오는 문제에 직면하고 있다. e-Learning은 교사와 학생 또는 학생 상호 간의 인간과 인간 사이의 직접적인 면대 면의 실제적 교감보다는 가상의 세계에서 이루어지는 기계적 전자매체와의 교감을 통한 학습형태를 취하고 있기 때문에, 정서적 교감이 결핍되고 그로 인해 인간성 상실이라는 심각한 문제를 야기할 수 있다. 이에 반해 문화예술교육은 심미적·정서적으로 접근하는 교육 방식이기 때문에 이러한 문제를 효과적으로 극복할 수 있는 대안이 될 수 있다. 뿐만 아니라 입시위주의 우리나라 학교교육 하에서는 21세기 사회가 요구하는 개성 있고 창의적인 인간을 길러낼 수가 없다. 따라서 주지교과에 편중되어 있는 현 학교교육체제를 보완하여 학교교육을 정상화하고 지성과 감성을 고루 갖춘 균형 잡힌 인간을 육성하기 위해 문화예술교육의 활성화는 필요하다.

셋째, 국가의 문화예술적 역량 향상을 위해서 문화예술교육의 활성화가 필요하다. 학생들이 다양한 문화적·예술적 환경에서 보다 질적으로 선택하고 비판하며 주체적인 문화예술의 향유자가 될 때 그 나라의 문화예술 역량은 보다 강화되어 질 수 있을 것이다. 또 어린 시절 문화예술적 경험은 이후의 문화예술 향유에 결정적인 영향을 미친다. 이는 특히 학교의 문화예술교육이 문화예술 향유자 육성에 책임이 있음을 의미한다. 문화사회의 도래는 사회의 일원으로 하여금 문화의 중요성을 새롭게 인식하고 개개인에게 창의력과 상상력을 최대한 발휘할 것을 요구한다. 문화예술의 사회적 기능이 활성화됨으로써 우리사회의 모든 구성원들이 함께 화합하고 공존할 수 있으며 개인과 사회의 문화적 역량이 강화되어 문화선진국으로서의 면모를 이루게 될 것이다. 따라서 삶의 전 과정에 걸친 체계적인 문화예술교육은 필요하다.

나. 창의·인성교육과 문화예술교육

창의성과 인성의 함양에 있어 예술교육은 핵심요소이자 중요한 수단이다. 학생이 능동적으로 참여하는 활동을 중시하는 예술교육을 통해 창의성의 발판이 되는 '창의적 상상력' 배양 가능하며 정서함양 및 '인간과 삶'을 대상으로 하는 예술의 특성상 자아성찰, 타인과의 소통, 단체활동 등을 통해 인성 함양 기회 제공할 수 있는 것이다. 루트번스타인은 2010 유네스코 세계문화예술교육대회 기조연설 中 "창의성을 위한 교육을 위해서는 예술을 중심에 놓아야 한다"고 말하였으며 예술교육은 자아성찰을 통해 작품을 생산하고 타인과의 소통을 통한 피드백'으로 이어지는 일련의 과정을 주요한 수업방식으로 할 수 있는 것이다.

예술교육을 통한 창의·인성교육은 이미 전 세계적 추세이다. '유네스코 서울 선언*('10.5)'에서는 예술교육을 통한 창의·인성 계발을 강조하였다. "창의성을 이끌어 낼 수 있는 예술교육 강화" 등 전 세계 예술교육의 방향성을 제시한 '서울선언' 채택하기도 하였다. 선진국(영국, 미국, 프랑스 등)에서는 이미 창의·인성 함양을 위한 예술교육 활성화 정책 시행 중에 있으나 우리나라의 경우 예술전공 학교 이외의 일반학교에서 예술교육 제공 자체가 미흡하고 타 분야와의 융합은 고려조차 전무한 실정이다.

일반학교에서의 예술과목은 수능에 포함되지 않기 때문에 '무관심' 혹은 예술교육 활성화에 따른 '면학분위기 저해 우려' 등 예술교육에 대한 부정적 시각 상존하고 있다. 또한 학생 수요는 입시 및 취업에 유리한 연극영화, 디자인, 실용음악 등의 미 지정 분야에 높은 편이다.

교육과학기술부 및 문화체육관광부에서 발표한 초·중등 예술교육활성화 방안을 보면 앞으로는 일선학교의 예술교육이 많이 달라질 전망이다. 학생들은 현대화된 예술교실에서 음악·미술 등의 충실한 예술 수업을 받으며, 국어 등 일반 교과에서도 예술수업기법이 활용된다. 또한 예술강사 파견, 예체능 계열 대학생 봉사 확대 및 활성화를 통해 초중등 학생들이 기존의 음악·미술 외에도 무용·연극영화 등 다양한 분야의 예술을 접할 수 있게 된다. 이를 위해 2012년까지 예술교육선도학교를 약 1,000개교 지정하고, 예술·체육중점학교는 100개교까지 확대되며, 대학부설 예술영재교육원이 20개소 규모로 운영되고, 과학과 예술을 통합적으로 교육하는 과학예술영재학교(또는 과학예술고등학교)도 1~2개교 설립된다. 문화체육관광부와 교육과학기술부2010년 7월 8일(목) 공동 브리핑을 통해 이 같은 내용을 골자로 한 「창의성과 인성 함양을 위한 초·중등 예술교육활성화 기본방안」을 발표하였다. 이는 우리나라의 '교육정책'과 '문화정책'을 관장하고 있는 양 부처가 협력하여 「유네스코 서울선언」에 대한 실천과 창의·인성 함양의 핵심 분야인 예술교육의 활성화를 기하고자 하는 정책적 의지를 표명한 것으로 볼 수 있다.

초·중등 예술교육활성화 주요 내용은 6개의 중점추진과제로 구성되어 있다. ① 교과활동에서의 예술교육 강화, ② 예술·체육중점학교 활성화 및 확대, ③ 각급 교육기관의 예술심화교육 지원 확대, ④ 과학과 예술의 통합 교육 실시, ⑤ 학교와 지역사회 연계를 통한 예술교육 강화, ⑥ 예술교육 지원 협력체계 구축이다.

1) 교과활동에서의 예술교육 강화

우선 2009개정 교육과정에 의거하여, 학교별로 2011년도 적용 교육과정 편성 시 음악·미술 등 예술 교과의 시수 확대를 유도하고 동 시간을 활용하여 다양한 예술 수업 모델을 적용할 예정이다. 또한, 국어 등 일반교과에도 해당 교과특성과

부합하는 예술수업 기법을 적극 활용할 수 있도록, 교과별·학년별 교육과정을 면밀히 분석하여 예술수업기법 적용이 가능한 단원이나 내용들을 도출하고 동 단원이나 내용 교육에 활용할 예술수업기법들을 개발하여 교과서나 교수방법 등에 반영할 예정이다.

* (예시1) 국어+연극: 국어의 연극 수업 시 연극 강사가 공동 수업진행
* (예시2) 영어+미술: 영작만화 그리기(카툰프로젝트)

음악 등 예술교과수업 및 국어 등 일반교과수업, 방과후학교, 예술영재교육, 학생들의 예술동아리 등에서 기존의 음악·미술교사와 함께 학생들에게 다양한 분야의 예술교육을 지원하게 된다.

2) 예술·체육중점학교 활성화 및 확대

일반 중학교 및 고등학교 학생 중 예술·체육에 소질과 적성이 있는 학생에게 특성화된 교육을 실시하기 위하여 예술·체육 중점과정을 설치하고, 심화된 교육을 실시하는 학교 들을 확대해 나갈 예정이다.

3) 각급 학교의 예술심화교육 지원 확대

대학이 보유한 예술 관련 시설 및 인력을 활용하여 초중등학생에게 심화된 예술교육을 제공할 수 있도록 대학부설 예술영재교육원을 지정하여 예술영재교육의 선도 기관으로서의 역할을 담당할 수 있도록 할 예정이다. 예술영재교육원들은 상급학교 입시나 대회 준비 등의 실기 위주 교육을 지양하고, 잠재력과 창의성을 향상하는 예술영재 교육프로그램을 개발·운영하게 된다.

4) 과학과 예술의 통합 교육 실시

상상력과 창의력의 원천인 과학과 예술의 통합교육을 통해 창의성과 인성 함

양을 보다 제고할 수 있도록, 과학교육을 집중적으로 실시하는 학교의 예술교육을 강화할 예정이다. 그러한 학교들에 대해서는 과학뿐만 아니라 예술 과목도 수업시수를 확대하고, 예술교과교실을 확보하며, 예술강사 등을 활용하여 체험 활동 위주의 다양한 문화예술 활동을 편성·운영할 계획이다.

5) 학교와 지역사회 연계를 통한 예술교육 강화

학교를 둘러싼 지역사회의 시설·인력·프로그램 자원을 결집하여 학교 밖 체험 예술교육을 강화한다. 지금까지 학교 내에서 주로 이루어져 온 학생들의 예술교육활동을 박물관, 미술관, 도서관 등 지역의 다양한 문화기반시설과 연계하여 다채로운 프로그램을 체험하도록 함으로써 생활 속의 예술교육을 활성화해 나갈 계획이다. 이를 위해 전국의 각급 시설·단체의 예술교육 자원과 프로그램을 집대성한 「문화예술교육자원지도(ARM: Arts education Resources Map)」를 개발하여 창의적 체험활동 및 방과후학교 수업 등에 활용토록 할 계획이다.

6) 예술교육지원 협력체계 구축

효율적인 추진을 위해 한국문화예술교육진흥원에 창의교육센터를 설치하여 문화 분야의 창의교육 거점기관으로 육성하고, 예술교육 활성화 및 예술교육을 통한 학생들의 창의·인성함양을 위한 교두보로 활용할 계획이다. 한국과학창의재단과 한국문화예술교육진흥원이 참여하는 '예술-과학 융복합 교육지원단'을 구성하여 예술-과학 통합 과정 운영 지속 지원 및 공동 컨설팅 등 긴밀한 협력관계를 이어나갈 예정이다.

예술교육 활성화를 통해 학생들의 창의성과 인성 함양은 물론 그간 사교육 의존도가 높았던 예술교육을 일선학교와 대학·지역의 문화시설·단체 등이 참여함으로써 교육의 수준 제고는 물론 사교육비도 대폭 경감할 수 있을 것이며, 창의·인성 교육의 핵심 분야로 예술교육의 가치와 중요성을 확산하는 계기가 될 것이다.

II

서각교육의 이론적 고찰

1. 서각의 개념

가. 서각의 개념과 특징

서(書)자는 본디 붓이나 송곳 따위의 연장으로 금석(金石), 죽백(竹帛), 종이 같은 것에 무엇인가를 바르거나 쓰거나 또는 새기는 것을 뜻하는 동사였다. 이것이 차차 연용되면서 글씨 쓰는 일, 글씨 그 자체, 채 따위를 모두 '書'라고 하게 되었다.[1)]

서각이란 글 書·새길 刻이니 글, 즉 문자를 새긴다는 뜻이 된다. 중국 서각사를 보면 기원전 27세기에 황제의 사관인 창힐은 새나 동물의 발자국을 관찰하여 나무에다 눈금같이 서계(書契)하였다고 한다. 여기서 서계라 함은 '째다', '새기다'라는 의미로 오늘의 각(刻)에 해당된다(이현춘, 1989).

한편, 최명재[2)]는 글(契)이 서계(書契)로 명칭으로 변칭된 이유에 대하여 그 이전까지는 송곳이나 칼로 글자를 새겼지만 글자를 붓(聿)으로 글씨를 쓰기 시작하

---

1) 선주선(1992), 『서예』, 대원사, p.338.
2) 최명재(2003), 『동방의 으뜸, 동이족을 아는가?』, 한글정음사. p.31.

면서 생긴 명칭으로 보았으며 서(書)란 붓(聿)으로 말(曰)을 기록하면서 이 두 글자가 결합하여 서(書)자가 생겼으며, 이때 이후 글(契)이 서계(書契)로 변칭되었다고 보았다. 글(契)자는 '흐뜨러질개'자와 칼(刀)자가 결합된 글자로 종이와 붓이 발명되기 이전에는 붓 대신 칼을 이용하여 나무판, 대 등의 표면에다 종횡으로 글거나 조각하여 문자를 나타냈음을 알 수 있다.

결국 어원적으로 서각이란 용어는 칼 등으로 나무 등 재료에 문자를 새기는 활동이라는 것을 알 수 있다.

문자의 역사는 티그리스 강과 유프라테스 강사이에 있는 메소포타미아에서 시작되었다. B.C. 4000년경 우크르에서 발굴된 진흙판에는 농축산물의 수확량을 기록한 것이라 할 수 있다(문자의 역사, 시공사).[3] 수메르인들은 한쪽 끝이 뾰족한 갈대나 나무 끝부분을 삼각형으로 잘라내 첨필(尖筆)을 하고 있었는데, 이것으로 진흙판에 새긴 글자들이 쐐기꼴을 하고 있어 설형문자(楔形文字)라고 부르게 되었다. 이것이

〈그림 1〉 우르크 진흙판

문자의 역사가 글자를 새기는 작업(書刻)에서 시작되었음을 알려주는 주요한 증거임을 알 수 있다.

우리나라의 경우는 서각의 유적이 많지 않아 정확한 시기를 가늠하기는 어려우나 선사시대에 제작된 것으로 추정되는 '서불과차(徐市過此)'라 쓴 것으로 알려진 남해군 상주리 석각을 통해 이미 오래 전부터 문자를 새기는 일이 있었음을 추측해볼 수 있다. 역사적인 의미를 가진 최초의 서각유적은 평안남도 온천

〈그림 2〉 남해각석-서불과차

---

3) 시공디스커버리총서(1995), 『문자의 역사』, 시공사, p.13.

군 성현리의 어을동토성(북한 사적 제25호)은 1세기경에 구축된 것으로 추정되며, 그곳에 있는 점제현신사비(秥蟬縣神祠碑 또는 秥蟬碑, 북한 국보 제16호)가 있는데 우리나라에서 가장 오래된 비석의 하나로 금석문 연구에 귀중한 자료가 되고 있다. 그 뒤 중국 만주 집안현에 있는 광개토대왕비(A.D. 414), 중원고구려비(5세기 후반), 고구려 평양성 석각(5세기), 진흥왕 순수비, 단양 적성비, 신라 남산신성비, 울진 봉평비, 냉수리비, 백제 무령왕릉매지권(A.D. 525) 등의 각석류 외에 거울에 새긴 문자, 도기(陶器)에 새기거나 찍은 문자, 석경, 봉니문자, 벽돌 기와 등에 남긴 와당문 등 그 수는 무수히 많다. 그러므로 우리나라에도 틀림없이 목재나 금석류에 글자를 새겨 남기고자 하는 행위가 이미 삼국 이전부터 있었던 것으로 보이며, 또한 서각의 역사가 오래되었음을 알 수 있다.

현대에 이르러 서각은 기존의 刻字나 전통적 서각과는 차원을 달리하는 새로운 양식으로의 발전을 시도하고 있는데, 이러한 특징들은 조형예술의 한 분야로서 창의적 표현력을 발휘할 수 있는 미술교육의 한 분야로 자리매김하게 되었는데 그 특징을 살펴보면 다음과 같다.[4]

〈그림 3〉 문자가 새겨진 벽돌/ 고구려

첫째, 복사본의 탈피를 들 수 있다. 기존의 서각은 특별한 경우를 제외하면 대개가 명인들의 글씨를 복사하여 그것을 나무판 위에 붙여놓고 새겨내는 단순한 꼴작업에 지나지 않았다. 그것은 단순히 복사본을 잘 새긴다는 의미 외에는 없었다. 그러나 현대에 이르러 자필에 의한 서사된 글씨를 가지고 작업에 임한다는 것이다. 기존의 전통서각이 예술의 장르로 바로 진입하지 못하고 공예수준에 머물렀던 것은 바로 자필서고의 미확보 때문이었다. 남의 글씨만으로 하는 새김질은 공예적인 상품제작으로 국한될 소지가 충분하지만, 새

---

4) 정충락(1994), 『현대서예의 이해』, 서화인, p.244.

기는 이가 직접 서고를 작성하여 이루는 작업은 그렇지 않다. 그것은 자필서를 서각으로 바로 작업해 냄으로써 새롭고 순수한 하나의 분명한 새김질 예술인 서각예술로의 진입을 말하는 것이기 때문이다.

둘째로, 재료의 다양성확보를 들 수 있다. 근래까지는 서각의 경우 소재가 대부분 나무일변도였다. 그러나 현대서각이란 명칭과 그에 따른 새로운 꼴모임의 작업에서는 그것을 개념적으로 깨고 나온다. 즉 모든 대상이 한결같이 서각의 소재

〈그림 4〉 역사9911/ 박민수

로 가능한 것을 실증한 것이다. 이를테면 기존의 나무와 철, 동, 돌들을 비롯하여 포리코드(합성수지), 스티로폼, 흙, 마대와 종이 등이 동원된다. 새겨질 수 있는 것이면 모든 것이 서각의 대상 소재로서 사용된 것이다. 재료의 폭이 넓어짐으로써 서각은 한층 표현범위가 광범위해지며, 각각의 재료가 가지고 있는 효과를 살릴 수 있게 되었다.

셋째로, 표현양식이 입체적이라는 점이다. 기존의 전통적 서각작품들이 2차원적 평면의 표현에 국한되었다면 근래의 서각작품들은 2차원 작품 위에 3차원적 환조작품을 결합하여 다양한 양식의 서각작업을 수용하고 있다. 3차원적 조각형태를 한 서각들은 받침대를 딛고 버젓이 건물 앞에 자리 잡아 가고 있다.

넷째로, 색상의 다양화이다. 전통 서각에 검정, 청색, 백색 등에 편중되어 있었다면 현대에 와서 다양한 색상도입은 필수적인 상호아이며, 그 색상으로 얻게 되는 작품적인 맛 또한 적지 않게 되었다. 현대에 이르러 이러한 서각들의 특징은 학교 예술교육을 통한 창의력·표현력 신장에 기여할 수 있는 토대가 되고 있다.

나. 문자조형의 의미와 영역

1) 문자조형의 의미

조형이란 '형을 만드는 행위'이므로 문자조형이란 문자를 바탕으로 형을 만드는 행위라 할 수 있는데 자기 스스로가 직접 재료와 부딪쳐 체험하는 가운데 그 재료가 지니고 있는 성질을 알고 그 표현 가능성을 체득함으로써 창조능력과 태도가 배양된다. 창조의 전제는 고정된 개념이나 선입관념 또는 틀에 박한 기법이나 모방을 탈피하는 데서 출발된다고 할 수 있다. 개개인의 미의식인 개성의 표현도 구체적인 재료에 의한 유기적 형태로 나타나는 것이며, 문자조형은 문자에 의한 표현의 세계이므로 이 물질 자체가 갖는 재질의 기능이나 본질은 감각형태의 성격을 결정짓는 데 중요한 역할을 하게 된다. 이렇듯, 문자조형을 위한 가능성은 새로운 소재의 인식으로 시작해서 기능의 발견과 창조를 통하여 많은 작품을 만들어 왔다. 소재의 문제는 조형적 측면에서의 고찰과 더불어 각종 실험을 통한 재료학적 측면에서 연구를 하지 않으면 입체조형이 새로운 세계를 개척한다는 것이 어렵게 된다. 그러기 위하여 입체조형재료의 과학적 관점이 조형작가 에게 부각되어야 한다는 것은 필연적이며 당위적인 것이다.

서각은 서예와 더불어 그 맥이 끊이지 않고 이어져 왔지만, 과거에 이를 예술적 차원으로 발전시키려는 노력이 부족하였다.

그 이유는 첫째, 서각을 후세에 기록을 남기기 위한 수단으로만 생각했던 점, 둘 때, 활자가 발명되기 이전에 인쇄 매체로만 이용하였던 점, 셋째, 문자란 정면성적 2차원의 상으로만 표현되었다는 점, 넷째, 동양의 서나 화는 둘 다 원근법과 명암법을 무시하는 입장이어서 입체미에 대한 관심이 부족했던 점, 다섯째, 서각

〈그림 5〉 문자조형/ 안민관

을 한다는 것은 장인이나 하는 행위로 천하게 보아 이를 연구하는 사람이 없었던 점을 들 수 있을 것이다.

그리하여 서예가나 전각자들까지도 서각에 다해서 관심을 갖지 않았다. 서각이 오늘날 조형 예술로 완전히 정립되지 못했다고는 하지만 오히려 이점이 앞으로 예술로 발전할 수 있다는 가능성을 내포하는 것이 된다. 지금까지 방치되어 잊혀 왔던 서각을 예술의 연구 대상으로 끌어들여 서예나 전각과 더불어 조형예술로 연구 발전시켜 나간다면 이것은 분명 우리 미술사에 획기적인 하나의 사실로 기록될 것으로 본다.

이현춘은 이러한 가능성을 확신하면서 다름과 같이 몇 가지 면에서 서각이 문자조형미술의 연구 대상이 되어야 함을 설명하였다.[5]

가) 역사적인 면에서

전설적인 이야기로 전하여 오지만 서각은 이미 기원전 2898년경에 창힐이라는 사람에 의해 그림문자가 만들어졌으며, 그는 이것을 나무에 서계, 즉, 서각을 하였다고 한다. 이후 인간은 갑골이나 쇠붙이, 돌, 나무 등에 서각이라고 하는 행위를 지속해 왔던 것이다.

필사도구가 발명되기 이전의 태고에는 칼이 세계 공통의 필사도구였으며, 서예사에서 볼 수 있는 금석문·비문·법첩 등도 각도에 의해 새겨져서 그 기록들이 전해지고 있다.

이처럼 서의 한 행위로써의 서각은 우리의 생활 속에서 항상 인간의 미적 조형 양식으로 기록됨은 물론, 건축, 공예의 영역으로까지 발전하여 문자의 입체적 표현이라는 독특한 모습으로 맥을 이어왔다.

나) 미학적인 면에서

서예가 동양의 예술이라면 전각은 서예에서 분화된 미술이다. 이러한 관점에서 보면 서각도 서예에서 분화된 서예의 입체 예술이다. 아직도 이에 대한 학문적 연

---

5) 이현춘(1989), 『현대서각의 이해』, 한국서예.

구나 창작을 하는 작가의 수가 적지만 현대서각이 분명 새로운 미술임을 미학적인 면에서 규명하고자 한다.

(1) 미술의 본질과 대비
- 선-각적 서선의 미(刻的 書線美)
- 점-각적 점획의 미(刻的 點劃美)
- 형-각적 자형의 미(刻的 字形美)
- 색-다양한 착색의 미(着色美)
- 질감-자면과 배면의 촉각의 미(字面과 背面美)
- 양감-괴에서 나오는 음양의 미(陰陽美)

(2) 미술의 구성 요소와 대비
- 조화-자면, 배면 및 문자간의 조화의 미
- 변화-자면의 대소 및 음양의 변화의 미
- 통일-서체, 각법의 통일미
- 균형-문자 배치에 따른 구성적 균형미
- 대조-문자의 대소 각이 음양미
- 율동-운도에 의한 서선의 율동미
- 강조-자면과 배면상의 강약의 미

이상에서 살펴본 바와 같이 서각은 회화, 조각, 서예에서와 같이 본질적으로 동일한 미의 조형 원리를 가지고 있음을 우리는 이해할 수 있다. 특히 서각은 서예에서처럼 문자를 내용으로 한다는 점이나, 문자의 조형적 구성미를 추구한다는 점에서 서예와 동일하다. 다만 문자를 표현함에 있어 입체적인 양식을 취하면서 문자를 구성하거나 구축하여 양괴 전체에 여러 가지로 에네르기를 갖게 하여 기운생동의 3차적 음영이나 볼륨(Volume), 그리고 촉각의 실체를 형상화한다는 점에서 조각적이다.

다) 문자 소재 면에서

문자의 출발이 인간의 생각이나 말을 나타내기 위한 부호이기도 했지만, 오늘날 우리가 쓰는 문자야말로 인간이 창조해 낸 가장 위대한 조형물이다. 특히 한자의 창제 정신이 대자연의 법칙과 그 형상의 정기를 뽑아서 만들었다고 한다면 한자 문화권의 동양인이 추구해온 서예는 그림과 함께 미적 표현의 연구 소재로써 지금까지는 지속되어 온 동양 특유의 미술임에는 틀림없다. 서예가 가지는 조형성에 관해 김기승 선생은 다음과 같이 설 추구 있다. 문자가 시각적 조형예술로 독립될 때는 서의 내용보다는 필서의 조형미에 초점을 맞춰 감상해야 한다고 했으며, 여초 김응현 선생도 서예의 예술성은 서체적 현상에서 오는 것이 아니라고 했다.

오늘날 문자 소재의 조형 작업은 서예 영역에만 한정된 것은 아니었다. 이러한 문자적 조형관은 회화나 현대 서각으로까지 확산되었다는 사실을 주목해야 할 것이다. 우리나라의 이응로, 남관 화백이 바로 이러한 예이며, 서양의 폴 끌레 등이 일찍부터 문자를 회화의 중요한 소재로 다루어 왔음은 널리 알려진 사실이다. 그러므로 문자의 조형작업은 이제 평면적 표현에서만 그칠 것이 아니라 입체적 표현으로까지 확대될 수 있다는 것이 현대 서각의 입장이다.

문자조형이란 여러 가지 문자를 이용하여 어느 관념에서 형체를 만들어내는 것을 뜻하며 어떤 물질을 빌려 이것에 필요한 형태를 부여하는 행위이다.[6] 이는 재료의 설정과 기법개발을 통한 모든 창조적 표현활동이 포함되며 하나의 기능 아래 통일된 표현 시도의 종합적 추구가 수반된다. 이처럼 문자조형은 인간이 일정한 생활목적을 효과적으로 달성하기 위하여 물질적 재료를 가공, 형성하여 시각적으로 표현한 결과이며 기술에서부터 형태 짓는 것에 대한 모든 일을 광범위하게 포함하고 있다. 창조적 표현활동을 형성하는 문자조형예술인 서각은 새로운 시각형식에 대한 가능성의 탐구이며 직관력, 계획력, 발전력, 독창력이 무엇보다도 요구되는 분야이기 때문에 막스 빌(Max Bill)은 이러한 감각을 수학적 개념과 형태로서 파악하고자 시도하였다. 그리고 근래에 우리나라에서는 문자조형을 위

---

6) 한석우(1991), 『입체조형(이론과 실제)』, 미진사, pp.12~13.

한 재료와 기법에 대하여 많은 연구를 해왔다.

2) 문자조형의 영역

문자조형은 크게 평면조형과 입체조형으로 나누어 볼 수 있다. 평면조형은 인간의 가장 기본적인 표현욕구와 시각을 바탕으로 하며 비교적 넓은 공간이 필요한 3차원의 입체조형에 비해 2차원의 평면 공간에서도 표현이 용이하고, 무한한 자연공간을 원근법에 의해 얼마든지 축소해서 표현할 수 있기 때문에 선호되고 있다. 또한 평면에 간단한 재료와 용구를 가지고 다양한 표현이 가능하며 누구나 쉽게 접근할 수 있다.

입체조형은 물질적인 자연과 인공 재료를 활용하여 3차원의 세계를 입체로 표현하는 것으로, 환서각(입체서각) 등을 포함하고 있다. 입체조형에서는 시각적. 촉각적으로 느낄 수 있는 형태가 강조되고, 양감과 덩어리(mass), 운동, 재질감, 공간 등이 어우러져서 조화를 이루어야 한다.[7]

입체조형과 관련된 용어들을 살펴보면 조소(彫塑), 조각(彫刻), 소조(塑造), 조형(造型) 등의 용어가 혼돈되어 쓰이는 경우가 많다. Sculpture는 입체조형을 대표하는 용어로는 조소로 번역되고, 회화와 구분하는 미술용어로는 조각으로 번역된다.

조소는 3차원의 공간 속에서 구체적인 물질로 구현된 입체조형으로서 강하고 견고한 양감의 구성체라고 할 수 있다. 조소는 물질을 소재로 도구를 사용하여 자기의 생각과 감정을 3차원적인 입체를 만들어 낸다는 의미에서 조형(Plastic)과 밀접하며, 조형은 조소보다 좀더 포괄적인 개념이다.[8] 조소는 재료에 따라 나무를 이용한 목조, 철 등을 이용한 금속조, 돌을 이용한 석조, 찰흙을 이용한 테라코타와 도조가 있다. 조소는 형식에 따라 부조와 환조로 구분되고, 기법에 따라 소조(modeling), 조각(carving), 구조적 조형(constructing)으로 구분된다.

---

7) 한석우(1997), 입체조형, 서울: 미진사, p.12.

8) 최병상(1990), 『조형』, 서울: 미술공간사, p.16.

부조(浮彫)와 환조(丸彫)를 비교하면, 부조는 한 쪽 면에서 보이는 모습을 입체적으로 표현하므로 한쪽 면만을 볼 수 있고, 환조서각은 전후, 좌우, 상하 방향에서 표현하므로 모든 방향에서 볼 수 있다. 부조서각은 회화적 측면이 강하여 2차원의 공간을 효율적으로 이용할 수 있으나 환조서각은 3차원에서 독립된 공간을 차지한다. 부조는 평면조형과 입체조형의 중간적 표현 형식으로 광선에 의해 변화하는 효과에 의해 입체감을 표현하는 데 주력하며, 환조서각보다 표현에 제약을 받는다. 환조서각은 전체적인 형태와 여러 면에서의 조화와 조형성을 강조한다.

소조는 찰흙과 같이 부드러우면서 모양이 변하기 쉬운 가소성이 있는 재료를 사용하여 작품을 제작한 다음, 석고와 합성수지, 청동 등의 견고하고 완전한 형태의 재료로 변환시키는 과정이다. 소조는 구축적인 작업에 의해 점차 양이 증가하여 공간을 차지하므로 공간은 감해지는 특성이 있다. 소조는 작품 계획에 의해서 만든 뼈대를 중심으로 찰흙을 붙여 가면서 형태를 이루기 때문에 작가의 의도에 따라 자유롭게 형태를 구현할 수 있는 장점이 있으나 찰흙 원형을 완성한 다음 여러 단계의 주조 과정을 거치고 난 뒤 완전한 형상을 얻을 수 있으므로 작가의 의도를 마지막 완성 단계까지 살리기 어렵다는 단점이 있다.

조각은 라틴어 '스클페레'에서 파생된 용어로서 정, 톱, 망치, 끌 등의 도구를 사용하여 단단한 재료를 깎거나 쪼아서 양을 삭감하는 기법을 말한다. 즉 공간을 점유하고 있는 물질의 양을 점차 감하고 공간을 증대시키면서 통일된 형태를 이루는 과정이다. 목재와 석재는 조각하여 그대로 완성할 수 있기 때문에 작가의 의도를 완성 단계까지 살릴 수 있고 재료가 내구성이 있는 자연재이며, 같은 재료라도 색채와 재질감이 다양하여 재료의 물성을 직접 체험할 수 있어서 미술의 다른 영역에서는 경험할 수 없는 절제와 응축의 형태와 공간의 조형적 체험을 할 수 있는 장점이 있다. 그러나 재료의 크기에 따라 작품의 크기가 한정되는 단점이 있으며, 초보자인 경우 재료에 대한 지식과 취급에 따른 주의사항과 도구 사용법을 익혀야 작업이 가능하다.

구조적 조형은 재료의 제약을 받지 않고 다양한 재료를 자르고 붙이거나 묶고

쌓는 등 여러 가지 방법으로 구체적인 표현 대상 없이 작가의 생각과 조형 요소나 조형 원리만으로 표현하는 입체 작업이다. 구조적 조형은 제1차 세계대전 이후 과학과 산업이 발달함에 따라 사물에 대한 새로운 해석과 다양한 표현 매체가 개발되고 활용되는 영향으로 생겨난 조형 기법으로 기존에는 없었던 새로운 개념이다. 예를 들어 재질이 다른 재료나 소조와 조각 기법의 혼용, 용접 기술에 의한 금속의 소조 기법처리, 회화에서의 오브제를 통한 입체의 도입, 물체의 집적에 의한 조형성 추구 등에서 구조적 조형의 기법을 찾아볼 수 있다.

3) 서각의 분류

가) 양식으로 보았을 때

서각의 종류를 어떻게 분류해야 하는가 하는 방법은 간단치 않다. 서각가 이현춘은 서각의 영역을 크게 전통서각과 현대서각으로 구분하였다. 전통은 이미 어제 이루어 놓은 것으로서 오늘에 연장되어 현재의 예술 속에 생명을 주는 것이라고 한다면, 현대의 개념은 정형화된 미의 유형이 아니며, 새로운 미를 위한 실험, 과거에 구애받지 않고 끊임없는 탐구하는 도전, 속도와 움직임을 본질로 하는 유동적인 것이라 할 수 있을 것이다.

전통 서각이라고 하면 과거의 전각, 摹刻, 板刻 등에서 각자의 기법으로 전승되어 온 것이라고 할 수 있다. 그리하여 작품의 서체, 도법, 채법, 양식이 우리 고유의 전통미를 지켜온 서각을 의미한다.

서체에서도 전, 예, 해, 행, 초서체와 궁체의 필서를 새김에 있어 문자의 입체적 조형미보다는 필의를 도의로 옮기는 것을 더욱 생명으로 했다. 또한 현판이나 주련, 문갑, 필통 등 나무에 서각하는 경우에도 음각, 음평각, 음양각, 양각 등의 독특한 기법이 있으며 서각칼을 자선

〈그림 6〉 전통서각의 예 / 진병근

에 대고 망치고 칼등을 쳐서 운도해 나감으로써 한 치의 오차도 없이 임각할 수 있어, 필서를 재현하는 최상의 전통 각법을 개발해 놓았던 것이다. 이러한 필서의 재현은 대부분 서각가나 유명인의 글씨가 또 다른 각자의 손에 의해 제작되어 작품의 보전, 장식 등 실용적인 면에서 큰 성과를 거두어 왔다.

칠법에 있어서도 천연의 색료나 기름을 사용하였고, 작품의 양식도 서각과 동일한 입장에서 구도나 배자가 이루어졌다.

그리고 이렇게 제작된 작품들은 필연적으로 온유, 소박, 고풍스러운 서각적인 전통미를 보여 주고 있다.

현대 서각은 그 용어 자체가 생소한 것처럼 그 역사가 짧아 아직 한국에서 현대 서각을 거론하기란 매우 힘든 일이다. 지난 수년간 서울의 인사동을 중심으로 서각을 배운 분들의 작품은 모두가 전통 서각이었으며, 또 일반에게 알려진 것마저도 한국의 서각은 필서를 그대로 옮기는 작업으로만 인식되어 왔기 때문이다. 그러나 현대 서각은 필자의 손에 의해 각이 되어야 한다는 점도 중요하지만 앞에서 설명한 바와 같이 평면적인 글씨를 각으로 할 때 각으로서의 입체 개념이나 조형개념을 철저히 추구하는 데 있다. 얼핏 전통의 서체나 기법을 파괴하는 듯한 인상마저 준다.

〈그림 7〉 얼굴/ 김은용

어떻게 보면 서법을 떠났거나 서체를 무시한 조각과도 같은 입체 표현 양식을 취함으로써 지금까지 보아 온 서각과는 너무나 상이하여 당혹감마저 갖게 될 것이다.

그러나 현대라고 하는 조형 개념 선상에서 좀 더 깊이 있게 관찰한다면 현대서각의 위상을 발견할 수 있을 것이며, 오히려 지금까지 이어온 전통의 서각이 시대적 흐름에 부응하는 자연스러운 모습인지도 모른다.

〈표 2〉 전통서각과 현대서각 비교

내용 \ 구분	전통서각	현대서각
서체	전서, 예서, 해서, 행서, 초서	기본 서체에 변화를 가한 개성적인 서체
기법	필서의 재현적 각법	입체 표현을 위한 조각법
양식	평면적 서각 양식	입체적 문자 구성 양식
목적	기록 보전 및 실용성	순수 감상을 위한 예술성
느낌	고풍, 담백, 온화, 소박	박진, 웅장, 생동

이상에서 비교한 바와 같이 현대서각은 틀림없이 전통서각과는 다르지만 서각이 추구하는 예술적 가치를 서에 이입하기 위한 조형 활동이라고 하는 점에서 동일한 입장이다.

나) 문자상으로 보았을 때

(1) 구상서각-문자의 구상적 모습의 서체로 해서와 상형문자

(2) 반구상서각-해서체를 기준으로 했을 때 다소 변화된 행서와 예서문자

(3) 추상서각-해서에 비해 그 모습이 추상적인 초서나 전서, 그 밖의 갑골 문자와 부적문자

다) 작품의 형상으로 보았을 때

(1) 환서각-4면에서 볼 수 있는 완전 입체의 작품으로 조각에서의 환조와 동일

(2) 판서각-조각에서의 부조형으로서 판상에 양각이나 음각된 작품

(3) 투서각-주체인 문자면만 볼 수 있도록 처리된 양형과 음형의 작품

라) 각법으로 보았을 때

(1) 음각-판면상에 문자의 자면이 새겨진 모습으로 크게 셋으로 나눈다.

　　● 선음각　● 음평각　● 음양각

(2) 양각-판면상에 문자의 자면이 위로 나오게 새겨진 모습

마) 작품의 재료로 보았을 때

작품에 사용된 재료가 무엇인가에 따라 그 재료명을 붙여준다.

(1) 목서각-나무, (2) 석서각-돌, (3) 철서각-쇠, (4) 토서각-흙(테라코타), (5) 포리코트서각, (6) 수음평각(화학재료) 등이 있다.

2. 서각의 교육적 유용성

가. 문자조형활동의 유용성과 지도원리

1) 문자조형활동의 유용성

오늘날 미술 교육에서는 지나치게 미적 안목, 미의식의 고취를 강조하여 '입체조형능력'이란 용어에 대해 거부감을 갖게 하는 경향이 있다. 그러나 입체조형활동에서 입체조형능력을 배제한 미술은 교육적으로 아무런 의미가 없다. 입체조형은 형을 만드는 행위이며, 입체조형능력은 정신과 감정을 구체화할 수 있는 능력이다. 입체조형능력은 조형 감각이나 재료와 용구를 다루는 기능을 말하며, 자연과 주변 생활환경에서의 감각적 관찰경험을 근거로 한 아동의 입체조형활동을 통해 발달한다. 또한 입체조형능력은 작품을 좀 더 훌륭하게 완성시키고 싶은 욕구와 좀 더 의미 있게 표현하려는 충동에 의해 향상되며, 자연과 생활환경에서 질서와 조화, 조형 요소와 조형 원리를 발견하고 이해하는 데서, 미술 작품에서 미적 근거와 미술 형식을 찾고 이해하고 즐기는 데서, 무엇보다도 재료와 기법, 주제에 대한 조형 가능성을 탐색하며 스스로 그리고 만드는 직접적인 입체조형작업을 통해서 신장된다. 입체조형능력이 향상되면 아동은 자신감을 갖고 적극적으로 입체조형활동을 함으로써 성취감을 느낄 수 있다.

아동 작품을 단순히 놀이의 결과를 보는 사람도 있고, 작품으로 보는 사람도 있다. 실러(Schiler)는 아동 작품이 어떤 구체적인 의도나 목적을 가지고 제작된 것이 아니므로 유희 충동에 의해 정서와 감정을 표출하는 행위 또는 놀이의 결과라고 본다.[9] 작품이란 말은 현대의 미술 표현이 결과뿐 아니라 과정과 선택을 강조하게 되면서 일반화된 개념인 동시에 작업 과정을 뜻하므로 그 과정에서 일정한 시기에 정지한 결과라는 측면에서 아동 작품을 하나의 예술 작품으로 보기도 한

---

9) 김종한, 「F. Von Schillen와 Herbert Read의 예술교육에 관한 비교연구」, 조형교육 10집, 1994, pp.15~16.

다.[10] 우리는 아동 작품을 통해서 아동의 발달 과정과 관심사, 경험과 정서를 엿볼 수 있다. 작품에서 창의성의 판단은 무엇보다도 아동이 작업하는 과정을 지켜보는 것이 가장 정확하다. 자기의 작품에 열중해 있는 아동은 자신의 표현에 자신이 있기 때문에 외부 자극이나 영향 없이도 분명한 의도를 가지고 작업한다.

순수 조형과 입체조형교육의 차이점은 조형의 어떤 점을 강조하느냐에서 비롯된다. 순수 조형은 작품 자체의 조형성에 관심을 기울인다면, 입체조형교육은 조형요소의 훌륭하고 통합된 구성이 아동의 발달에 미치는 효과에 관심을 기울인다. 허버트 리드(H. Read)는 입체조형교육을 인간이 만들어 낸 조형적 산물보다 조형적 발달이 개인에게 미치는 효과와 관련하여 다음과 같이 말한다. "입체조형교육은 아동의 인식과 지식, 판단을 바탕으로 하는 감각에 대한 교육이며 이러한 감각이 외부 세계와 지속적이고 조화로운 관계를 맺을 때 조형 능력이 향상된다."[11] 자유롭게 구체적인 형태로 표현할 수 있는 입체조형활동을 통해 다양한 재료와 기법, 주제에 대해 생각하고 탐색하는 기회를 거듭하게 될 때 아동의 창의력은 계발된다. 따라서 입체조형교육은 아동의 감성을 자극하여 자기의 내면세계의 표출 활동을 보다 미적인 방향으로 유도하고, 주변환경과 재료, 기법, 주제에 관한 탐색으로 창의력을 신장시키며 나아가 전인적인 인간으로 성장하게 도와준다.

2) 문자조형활동의 지도원리

아동은 호기심의 동물이다. 교실에서 끊임없이 움직이며 탐색하는 모습에서 아동의 무한한 가능성을 예감한다. 교사는 아동의 자기 주도적인 입체조형학습을 위해서 아동 발달 단계에 적절하고 아동이 흥미로워 하는 동기를 부여한다. 교사는 입체조형능력의 향상을 위해서 긍정적인 평가와 칭찬으로 아동의 표현 욕구를 자극해야 한다. 또한 개별적이고 융통성 있는 통합적 지도로 아동의 조형적 사고를 일깨워 주어야 한다. 교사가 효과적으로 문자조형 지도를 하기 위한 기본적인

---

10) 김해성(1987), 『현대미술을 보는 눈』, 서울: 열화당, 1987, p.165.

11) Herbert Read, Education Thriogu Art(London, Faber,Ltd, 1943), pp.274~275.
로웬펠드(1995), 『인간을 위한 미술교육』, 서울교육대학교 미술교육연구회(역), 서울: 미진사, p.271.

지도 원리는 다음과 같다.

첫째, 아동의 흥미를 활용해야 한다. 발상 단계에서 교사는 아동의 선행지식과 경험, 관심 분야를 이해하여 조형 활동과 관련된 동기를 부여해야 한다. 재료 탐색의 과정에서 직관적으로 떠오르는 순간적인 아동의 발상도 중시해야 한다. 표현의 욕구, 조형 탐색의 의지가 아동의 미적 안목뿐 아니라 아동의 조형적 사고력을 신장시키므로 정서 발달과 창의력 향상에 영향을 미친다.

둘째, 서제는 아동의 생활 경험 속에서 찾도록 한다. 제재의 제시에 따라 아동은 창조적 상상력을 발휘한다. 아동은 자신의 경험과 생각을 동일화하여 주제를 정하고 표현하므로 아동의 생활이 묻어나는 서제를 통해 활발한 문자조형활동을 유도해야 한다.

셋째, 구체적이고 감각적인 활동을 중심으로 지도해야 한다.[12] 이것은 루소, 페스탈로치, 프뢰벨, 몬테소리 등의 교육가들이 주장하는 '직관적 교수법'에 해당되는 원리로서, 특히 초등학교 아동의 정신 능력 발달은 구체적이고 지각적인 특성을 가지고 있기 때문에 구체적인 사물이나 현상을 가지고 직접 경험하는 노작 중심의 문자조형활동이 되어야 한다.

넷째, 지도의 내용, 과정과 방법이 단순해야 한다. 아동의 지적 능력과 손의 기능을 고려하여 단순하고 재미있는 활동을 중심으로 아동의 적극적인 참여를 유도해야 한다.

다섯째, 개별적인 지도를 한다. 아동은 자기중심적이고 흥미와 특성이 다양하므로 재료, 용구, 방법, 주제, 작업 과정이 각 아동의 특성과 조건에 맞게 개별적으로 계획되고 진행되어야 하는데 그 전제는 한 학급에 적절한 아동의 수이다.

여섯째, 융통성 있는 지도를 한다. 문자조형활동을 하는데 일정한 수업의 틀에 얽매일 필요는 없다. 재료를 통한 수업을 전개하다 보면 계획과 어긋나는 경우가 있다. 수업 상황에 맞는 융통성 있는 지도가 아동의 독창적인 표현 욕구를 증진시키고 창의력을 신장시킬 수 있으며, 다음 수업계획을 위한 좋은 자료가 된다.

일곱째, 아동의 표현 활동을 존중한다. 서각을 교실에서 하다보면 시끄럽고 교

---

12) 안영미·김춘일(1990), 『꾸미기와 만들기』, 서울, 미진사, pp.220~221.

실이 지저분해지고 아동이 나무조각을 가지고 장난을 하는 경우도 많다. 이런 상황을 또 다른 시각에서는 재료를 탐색하는 과정 혹은 창의적인 작품의 구상과정으로 볼 수 있으므로 장난스러운 표현 활동에 대하여 위험한 행동이 아니라면 꾸중과 체벌은 신중히 해야 한다.

여덟째, 통합적으로 접근한다.[13] 지적 발달의 초기 단계는 지각이나 사고가 미분화된 상태이므로 복잡하고 섬세한 활동을 요하는 입체조형활동은 효과적이지 못하다. 따라서 중·고등학생은 미술 교과 내 통합을 추구하여 서각활동을 통해 미적 체험 활동, 표현 활동, 감상활동을 꾀하는 것이 바람직하다.

아홉째, 지도 교사는 도우미 역할을 해야 한다. 아동이 서각 제작을 힘들어하거나 어려워 할 때 작업을 계속할 수 있도록 교사는 간접적으로 도와주고 따뜻하게 격려해야 한다.

---

13) 권준범, 『초등도예교육에 대한 새로운 실기지도 탐구』, 사항미술교육논총 제5집, 1997, p.337.

3. 창의적 표현능력을 신장시키는 서각 활동

가. 창의성과 창의적 표현능력의 개념과 특성

창의성의 개념들을 종합해보면 '창의성이란 기존 요소, 즉 이미 자신의 머릿속에 간직된 지식이나 축적된 경험을 바탕으로 새롭고 유용한 결합을 이루는 것'이다. 창의성의 개념은 모든 감각기관과 지각 영역까지도 포함하는 무한한 영역이며, 눈에도 잘 보이지 않고 비언어적이며 무의식적인 것이기 때문에 그 개념은 광범위하다. 모든 사람은 누구나 창의성을 가지고 있으며, 창의성은 비범한 천재적인 사고만을 의미하는 것이 아니라, 개인에 있어서 자기표현, 자기실현의 욕구에서 출발하는 새로운 상상적 경험[14]이라고 볼 수 있다. 따라서 어린이들의 창의성 계발 교육은 법칙이나 개념 등을 기억하고 이해시키는 지적 학습 중심의 주지 교과와는 달리 자유로운 자기표현을 통하여 창의성을 향상시키는 것을 근본으로 하고, 어린이 개개인에 내재하는 여러 가지 재미있는 상상, 사고, 느낌 등을 능동적으로 표출하는 조형학습을 통해 길러질 수 있을 것이다. 어떤 어린이에게나 창의력은 나름대로 잠재되어있는데, 이는 다양한 수준의 활동을 통하여 어린이들의 현재 능력을 향상시키고 참된 창의적 성장으로 이끌어 주어야 하는 것이다. 창의성 연구가 활발하게 진행되면서 상상 및 확산적 사고와 직관적 사고는 근래에 와서야 주목을 끌기 시작하였다. 길포드(R.J. Guilford)는 창의성을 지적 특성으로 이해하고 그 요인을 문제에 대한 감수성, 사고의 유창성, 사고의 융통성, 사고의 독창성, 사고의 정밀성, 재구성력 등이 있다고 보았다. 여기서는 창의적 과정과 관련 있는 요소, 즉 창의성이 갖는 기본 특성을 길포드의 이론을 중심으로 살펴보겠다.

먼저 감수성(Sensitivity)은 어떤 문제에 대한, 다른 사람의 태도와 느낌에 대한, 생활 경험에 대한 감수성을 말한다. 감수성이란 주어진 재료나 상황 등에 능동적

---

14) 김정 외(1994), 『조형놀이 교육』, 서울: 교문사, p.25.

으로 대처하는 독특하고 적절한 고도의 인식이다. 이러한 감수성은 미술 활동에서 미술 재료로 작업하는 데 있어 중요한 요인이 되고, 감각을 향상시키고 계발시킬 수 있는 능력이 된다. 그리고 유창성(Fluency)은 이것은 짧은 시간 안에 많은 양의 아이디어를 떠올릴 수 있고, 신속하며 자유롭게 사고하는 능력이다. 창의적인 사람은 하나의 문제에 대해 다양한 해결책과 아이디어를 제안할 수 있는 능력이 있다.

융통성(Flexibility)은 융통성은 새로운 상황에 빠르게 적응, 사고를 빠르게 전환시키는 능력을 말한다. 판에 박은 듯 경직된 것, 고착된 것에 대한 반대개념으로 융통성 있는 어린이는 예상치 못한 사항들을 계속 발견하고 이용, 응용하면서 창의적 사고에 새로운 방향과 도전을 제공하게 되고 독창성(Originality)은 창의적인 사람의 가장 잘 알려진 특성은 독창성일 것이다. 이 능력은 전혀 새롭게 또는 색다르게 반응하는 사고능력으로 평범하고 일반적으로 인정된 것에 대한 반대 개념이다. 대부분의 교과에서는 합의된 정답을 가지고 있으나 미술 분야에서는 항상 독창성을 강조한다. 어린이의 미술활동은 모든 수중에서 어린이 각자의 독특한 반응을 중시해야 한다. 마지막으로, 추상력(Abstract), 종합력(Synthesize), 조직력(Organize) 중에 추상하는 능력은 어떤 문제에 내재한 다양한 요소를 분석하거나 특정한 관계를 찾아내는 능력이다. 종합력은 각 부분을 의미 있는 방법으로 종합하는 능력이다. 그리고 구성하는 능력은 의미 있는 방법으로 서로를 결합시키는 능력이다.

지금까지 살펴본 창의성의 특성은 단순히 길러주는 것만으로 창의적으로 사고하는 인간을 만들 수 없다. 미술활동을 통해서 이러한 특성들이 꼭 고려될 요소로 생각되어야 하는 것이다. 그리고 이러한 능력은 확산적 사고(Divergent thinking)에 속한다. 확산적 사고는 하나의 정확한 해답을 향해 나아가는 수렴적 사고의 반대 개념으로, 실제적이고 특정한 답을 요구하는 질문("원색이란 무엇인가?", "색의 대비란 무엇인가?")과 확산적 사고를 자극하는 질문("슬프게 느껴지는 색은 무엇인가?", "보라색은 어떤 느낌이 드는가?")에서 보듯 확산적 사고는 다양한 관점으로 내용을 탐구할 수 있게 하고, 질문에 답할 때 상상력을 활용하도록 한다. 효율

적으로 확산적 사고를 발달시키는 미술교육은 이러한 점에서 중요한 이유가 된다.[15)

이와 같이 창의성의 기본특성을 기르고 창의적인 표현능력을 신장시키기 위한 교육활동은 간단하지만은 않다. 교육활동이 개인에게 얼마나 의미가 있느냐, 그리고 자기평가를 얼마나 자극할 수 있느냐에 좌우되며 교사와 학생 상호 작용에 크게 의존한다. 또한 지도 교사는 아동 작품의 질을 강조할 것이 아니라 창의적 과정과 개인을 존중해야 할 것이다.

나. 문자를 매개로 하는 미술

1) 타이포그래피

그리스의 typo라는 그리스 말에서 유래되었다. 타이포그래피란 전통적으로 활판인쇄술을 가리키는 말로 쓰였다. 그러나 디자인이라는 새로운 학문이 탄생하면서 그 의미도 현대적의미로 바뀌어갔다. 그때부터 타이포그래피는 활판인쇄술뿐만 아니라 전달의 한 수단으로써 활자를 기능과 미적인 면에서 보다 효율적으로 활용하는 기술이나 학문이라는 개념으로 바뀌어 갔다.

전통적인 타이포그래피가 읽기 위한 글자보다 보기에 좋고 아름다운 미적 장식개념이 주된 관심사였다면 현대 타이포그래피는 활자 그 자체의 미적 가치보다는 독자가 얼마나 쉽고 빠르게 읽을 수 있는가 라는 기능에 핵심을 두었다는 점에서 큰 차이가 있다. 그림은 보는 것이고 글자는 읽는 것이라면 타이포그래피의 근본적인 목적을 읽기 쉬워야 한다는 기능에 두는 것은 당연하다. 타이포그래피라는 분야는 점차 그 의미와 표현이 다양해지고 깊어질 뿐만 아니라 그 영역도 훨씬 범위를 확대해 나가고 있다.

활자가 발명된 순간부터 형식과 내용 간에 갈등이 시작됐다. 형식은 인쇄된 책이고 내용은 책에 적혀 있는 글이다. 그동안 타이포그래퍼의 역할은 미미했다. 그

---

15) 「현대미술의 다양한 기법적용을 통한 창의성 신장 연구」, 춘천교육대학교 교육대학원 석사학위논문, 2001, pp.9~14.

러나 갈등은 저절로 해결됐다. 바로 19세기부터 타이포그래피의 역동성이 기표(형식)와 기의(내용)를 통일한 것이다. 그래픽디자인보다 타이포그래피에서 보다 더 잘 구현된다. 사실 타이포그래피는 높은 예술적 수준을 이루자는 것도, 창조적 본능을 충족시키자는 것도 아니다. 오히려 창조성보다 현실적인 측면, 말하자면 형식과 기능을 동시에 충족시키는 것을 그 본령으로 하는 것이다. 어떻게 활자를 조합하느냐에 따라 타이포그래퍼는 무수한 가능성을 펼쳐 보일 수 있다. 텍스트를 디자인할 때 타이포그래퍼는 경직된 형태의 지루한 반복을 벗어나기 위해 유용한 방법을 모두 동원한다. 이렇게 해서 형태 속에 생명과 아름다움, 그리고 그에 따른 가독성을 높일 수 있는 것이다. 산업혁명은 타이포그래피의 혁신을 불러온다. 도시화와 산업화 사회는 신속한 대중 전달 매체의 필요성을 요구하고, 과학기술은 인쇄 매체의 단위 가격을 낮추고 생산을 증가시켰다. 따라서 증대된 효용성은 인쇄 매체에 대한 끊임없는 수요를 아르누보(art nouveau)는 19세기 '역사주의(historicism)'로부터 탈피한 '과도기적 양식'이며, 20세기 시작 전후 20여 년간(약 1890~1910) 번성했던 장식적 양식으로 건축·가구·제품디자인·패션·그래픽 등 디자인의 모든 영역이 이에 포함된다. 아르누보를 규정짓는 시각적 특질은 중력이나 뿌리로부터 해방된 식물형태의 선이다. 아르누보 양식은 문자형태의 형성과 그 본질에 대한 개념을 다양하게 실험하는 선두자로서, 오늘날의 그래픽 디자인에 있어서까지 중요한 지침이 되고 있다.

2) 문자도

글자의 의미와 관계가 있는 고사나 설화 등의 내용을 대표하는 상징물을 자획(字畵) 속에 그려넣어 서체를 구성하는 그림으로 대개 병풍 그림으로 그려졌다. 18세기 후반부터 시작하여 19세기에 이르러 민화와 함께 널리 유행하였다. 민간에서는 꽃글씨라고도 하며, 한자 문화권에서만 볼 수 있는 독특한 조형예술로서 한자의 의미와 조형성을 함께 드러내면서 조화를 이루는 그림이다. 민화에 등장하는 문자도에는 크게 세 종류가 있다. 첫째, 유교적 윤리관과 삼강오륜(三綱五倫)

의 사상이 반영된 효(孝)·제(悌)·충(忠)·신(臣)·예(禮)·의(義)·염(廉)·치(恥) 등 여덟 글자를 희화(戲畵)하여 그린 그림으로 효제도(孝悌圖) 또는 팔자도(八字圖)라고 한다. 즉 유교의 도덕강령으로 인(仁)의 근본이며, 군자가 행해야 할 행동지침인 8가지 덕목을 가리키는 글자에 이와 관련된 이야기나 동식물을 곁들인 그림을 말한다. 보통 8폭 병풍으로 만들어 집안을 장식하고 그 덕목을 되새기는 용도로 사용했다. 둘째, 용(龍)·호(虎)·구(龜) 등의 글자를 이용한 수호적 상징문자도로, 고대 사신 사상과 애니미즘, 풍수사상을 반영한 그림이다. 이는 풍요·복·장수 등 현세의 평안을 희망하는 그림이다. 셋째, 부귀(富貴)·수복강녕(壽福康寧)·다남(多男) 등의 글자를 이용한 길상 문자도로 염원이나 꿈 등을 획이나 글씨로 표현하여 현세의 행복, 장수, 안락을 희망하는 그림이다. 특히 수와 복자를 가장 많이 사용했다. 주로 각종 생활용품의 문양으로 사용되었는데, 부엌과 안방에 많이 쓰여 생명과 생활에 꼭 필요한 글자로 인식했다. 그밖에도 구름과 용으로 꾸민 운룡문자도(雲龍文字圖)와 바람과 호랑이로 꾸민 풍호문자도(風虎文字圖), 용·잉어·새우·대합 등으로 꾸며 어변성룡(魚變成龍)과 하합상하(蝦蛤相賀)의 뜻을 나타낸 충자도(忠字圖) 등이 있다.

문자도는 궁중의 장식문양뿐만 아니라 불교나 도교의 장식문양과 일반서민들의 일상생활에 사용하던 문양들을 회화적인 차원으로 끌어올려 당대 회화 발전에도 큰 역할을 했다. 제작기법으로는 붓을 사용하는 것 외에도 가죽붓을 재빨리 구사하는 혁필화(革筆畵) 기법, 인두를 불에 지져서 그리는 낙화(烙畵) 기법이 있다. 시대의 흐름에 따라 회화성이 더 강조되기도 했는데 글자의 의미보다 도안적인 장식성에 치중하여 때로 문자의 형태가 무시된 상태로 그려지는 경우도 있었다. 그러나 오늘날까지도 문자도의 생산은 계속되며, 사회변화에 따라 혁필화로 형식이 변화되어 이어지고 있다(야후 백과사전, http://kr.encycl.yahoo.com).

3) 전각

서예나 그림을 그린 후에는 자기 이름이나 호(號)를 쓰고 도장을 찍는다. 이 도장은 문인묵객(文人墨客) 스스로가 새기는 것이 통례이다. 예부터 중국에서는 인장이 쓰였는데, 가장 발달하였던 시기는 한대(漢代)였다. 11세기 송대(宋代)에 이르자 새로운 금석학의 발달로 한나라의 인장이 부활하게 되었고, 15세기 명대에 이르러 새기기 쉽고 아름다운 석재(石材)의 발견으로, 이전에 상아를 쓸 때와 같이 장인(匠人)들에게 인장을 의뢰하지 않아도 쉽게 새길 수 있게 되어 문인(文人)들은 장인예(匠人藝)로서는 이룰 수 없는 새로운 경지를 이루어놓았다. 수많은 문인들의 손을 거치는 동안, 전각은 시(詩)·서(書)·화(畵)와 병칭될 만큼 높은 평가를 받게 되었다. 초기의 창시자는 문팽(文彭)과 하진(何震)이며, 청대(淸代)에 이르면 정경(丁敬) 등의 한인(漢印) 연구로 더욱 새롭게 발전하였다. 그들은 출신지인 항저우(杭州)의 아명(雅名)을 따 '절파(浙派)'라는 세력을 이루기도 하였다. 청대는 전각의 흥륭기(興隆期)로, 등석여(鄧石如)·조지겸(趙之謙)과 같은 명인이 잇따라 나타났고, 청대 말에서 중화민국 초에 걸쳐 활약한 오창석(吳昌碩)은 구중국(舊中國) 전각의 마지막 대가였다. 한국의 전각역사는 인장이 사용되기 시작한 고려 때부터이다. 당시기 독부분 동인·석인이었고, 모양도 4각형, 6각형, 원형이었다. 자체(字體)기 독부분 구첩전각의 배자(配字)기 방사선식으로 되어 있어 원주를 향하여 머리를 두고 있다. 이러한 고려 전각의 유풍은 조선으로 계승되어 상서원(尙瑞院)에서는 구첩전과 소전체로 동인·철인 등을 만들었다. 역대 임금의 많은 어보(御寶)가 만들어졌으며, 서예·회화의 발달과 함께 문인 스스로가 전각하는 사인(私印)이 유행하였다. 미수(眉戒) 허목(許穆)은 한국 전각의 제1인자이며, 전각을 남긴 많은 사람 중에서 자기 스스로가 전각하였다고 믿어지는 문인문객은 정학교·정대유·윤두서·오경석·이상적·김정희·김명희·김상용·오세창 등 20여 명을 손꼽을 수 있다. 재료는 대개 부드러운 납석계(蠟石系)의 돌을 사용하고 도구는 철필(鐵筆)이라는 양날의 손칼을 사용한다.

각법의 종류는 양각과 음각으로 나눌 수 있는데, 양각은 주문인(朱文印)이라 하며 바탕 부분을 새겨내는 것으로 찍었을 때 붉은색의 글씨가 된다. 음각은 백문인(白文印)이라 하며 글씨부분을 새겨내는 것으로 찍었을 때 흰색의 글씨가 된다.

전각의 종류에는 성명을 새긴 성명인, 호를 새긴 아호인, 좋아하는 문구를 새긴

사구인(詞句印), 작품의 소장을 확인하기 위한 수장인(收藏印), 새·물고기 등 동물 문양을 새긴 초형인(肖形印) 등이 있다. 성명인에는 백문인이, 아호인에는 주문인이 주로 쓰이며, 사구인에는 서화 폭의 우측 상단에 찍는 두인(頭印)과 중간에 찍는 유인(遊印)이 쓰인다(야후 백과사전, http://kr.encycl.yahoo.com).

다. 서각과 창의적 표현능력의 관련성

서각은 조각에서와 같이 문자를 구축하는 면이나 형에서 동세감, 균형감을 만들고 평면적 필의의 상을 입체적 도의로 상으로 바꿔 그것에 새로운 생명력이나 약동감을 표현한다는 의미를 주어야 한다.

서각은 예술품을 전제로 한 기법이란 단순한 기술, 솜씨, 재주를 의미하는 것이 아니며 기법의 다양한 모습에 따라 미술의 성격이 구분되기도 하며 작가의 사상과 철학 등 독특한 개성이 표현되기도 한다. 서각은 표현하려는 문구, 또는 감상의 장소나 목적에 따라 음각과 양각 등으 표현 양식이 달라진다. 전통적인 서화가 2차원의 감각적인 입체표현을 할 수 있다면, 서가은 깊이를 주어 삼차원의 문자 구성으로 음영표현이 용이하다. 서각은 서예와 조각의 특성을 모두 지닌 것으로 도에 의하여 서선이 형서오디며 서선을 조각하기 때문에 모필에 의한 필의의 선과는 아주 이질적인 서미를 형성하게 된다. 서각이 문자를 아름답게 표현하고자 하는 점에서 서예와 동일하지만 입체예술과 평면예술이라는 면에서 많은 차이를 보이고 있다(김인청, 1992).

서각은 미술의 본질인 미적 요소들을 포함하고 있기 때문에 서각 활동을 통해서 학생들이 글자의 형태, 명암, 텍스추어, 양, 색채, 점, 선, 방향 등을 조형화하는 과정에서 상상과 구상이 필요해지고 결국 창의적인 표현능력을 신장시키게 된다. 서각은 여타의 미술 분야와 마찬가지로 학생들의 조형능력과 창의적 표현력을 키우는 데 유익한 장르임에 틀림없다.

라. 서각에 대한 교육적 연구 고찰

1) 선행연구 분석

서각에 대한 선행연구를 고찰해 본 결과 학교 현장에서 서예연구는 비교적 꾸준히 서사력 신장과 관련한 연구가 있어왔지만 서각지도에 관한 선행연구는 극히 미미했다. 이는 학교 현장에 서각예술에 대한 인식의 부족과 서각지도에 대한 체계적인 지도 방안이 정립되지 않았기 때문이라고 생각된다.

학교 현장에서 이루어진 서각관련 교육적 연구가 절대적으로 부족하기 때문에 교육대학원 수준에서 연구된 서각연구물들을 포함하여 살펴보고자 하며 조사 분석한 결과는 <표 3>과 같다.

〈표 3〉 서각연구물 조사 분석

연도	연구자	연구주제	주요내용 및 시사점	비고
1985	이현춘	조형미술로서의 서각에 관한 연구	조형미술로서 서각의 자리매김과 서각의 개념, 서각의 양식을 이론화하여 서각의 정체성에 대한 이해를 제시함	단국대학교 교육대학원 석사학위논문
1992	김인청	한국서각의 조형미에 관한 고찰	시대순으로 우리나라의 서각 유물을 찾아 그 조형미와 가치를 기술함	인천대학교 교육대학원 석사학위논문
2000	박혜영	한국서각의 발전과정과 예술성에 관한 연구	김인청의 연구를 바탕으로 한국서각의 발전과정과 예술성에 관한 구체적 결과물을 제시함	인천대학교 교육대학원 석사학위논문
2002	손숙희	서각 지도자료 개발 적용을 통한 창의적인 한글서각 표현력 신장	다양한 서각지도자료를 구안하여 학생들에게 적용한 결과 창의적 한글 서각표현력이 신장되었다고 함	[현장교육연구] 중학교 미술교과

학위논문으로서 서각에 대한 최초의 연구는 이현춘(1985)의 「조형미술로서의 서각에 관한 연구」가 있으며 이어서 김인청(1992)의 「한국서각의 조형미에 관한 고찰」, 박혜영(2000)의 「한국서각의 발전과정과 예술성에 관한 연구」가 있다.

이현춘은 「조형미술로서의 서각에 관한 연구」에서 조형미술로서 서각이론을 체계화하여 서각의 학문적 토대를 마련하였는데, 특히 서각을 서예술(書藝術)의한 분야로서, 미적(美的)대상으로서, 미학적(美學的) 연구대상으로 보고 미술의 구성요소인 조화, 변화, 통일, 균형, 대비, 강조, 율동, 반복 등의 요소를 서각에 대입(代入)하여 서각의 아름다움에 관하여 논의하였다.

김인청은「한국서각의 조형미에 관한 고찰」에서 서각을 서예술(書藝術), 회화(繪畵)와 더불어 오랜 역사를 이어온 동양특유의 전통예술이자 조형(造形)예술로 자리매김하였으며, 금석문은 물론 우리나라의 불상 등의 다양한 유물을 시대별로 제시하여 서각의 조형미를 고찰하였다.

박혜영은「한국서각의 발전과정과 예술성에 관한 연구」에서 한국서각의 발전과정과 예술성을 통해 서각과 개념과 방법을 보다 근본적이고 폭넓은 관점에서 수용하여 시대별 발달과정을 정립하였다. 특히, 우리 서각(書刻)이 조형예술로 더욱 발전하기 위해서는 자필자각(自筆自刻)을 통해 차원 높은 심미의식 및 예술관을 갖추어야 된다는 사실을 강조하였다.

그러나 이상의 세 연구는 서각의 역사와 서각의 조형예술로서의 가능성 등 학교 현장에서 학생들에게 서각을 효율적으로 가르치고, 또한 지도를 통해 창의적 표현력 등 유무형의 효과를 알아보기 위한 연구가 아니라는 한계를 가지고 있기 때문에 서각지도에 있어서는 실질적이지 못하다는 아쉬움을 갖는다.

손숙희(2002)의「서각 지도자료 개발 적용을 통한 창의적인 한글서각 표현력 신장」연구는 학교현장에서 미술시간을 이용하여 서각학습을 위한 지도자료를 구안하고 교수학습 자료를 개발하여 서각수업을 실시하여 표현력을 도모하였다는 점에서 일단 긍정적인 평가를 받을 수 있다. 하지만 학교현장에서 서각지도를 위해서는 꾸준하고 계획적인 지도의 필요성으로 인해 많은 시간을 확보해야 함에도 불구하고 미술교과 시간 중 극히 제한된 시간(서각관련 5차시)을 할애하여 수업을 진행했기 때문에 창의적 표현력을 시키기에는 무리일 수밖에 없다는 비판을 면키 어렵다. 또한 서각작품을 제작하기 위한 서각칼과 서각끌의 사용을 통하여 서각작품이 제작되어야 하나 고무판화의 재료인 고무판과 조각칼을 이용하여 서각을 제작했기에 작품들의 서각의 맛을 느끼기에는 부족했다는 한계를 지닌다.

III

서각교육의 실제

1. 서각교육 프로그램의 실제

(창의적 표현능력을 신장시킬 수 있는 서각필수지도요소의 구안과 문자조형활동 프로그램 개발)

가. 실천내용

1) 자료 개발의 기본 방향
2) 자료의 구성 체계
3) 자료 개발의 실제
   가) 교사 지도 자료('서각을 배워요' 프로그램 10단계) 개발
   나) 아동 개별 학습 기초 실기 자료 개발
   다) 자료의 활용 방법
   라) 기타 개발 자료

나. 자료의 개발

1) 자료 개발의 기본 방향

가) 창의적 체험활동 서각동아리를 처음 시작하는 3월부터 12월까지 투입 할 수 있는 자료를 개발한다.

나) 실천 과제에서 추출된 서각 필수 지도 요소 10개 항의 내용을 중심으로 교

사용 지도 자료와 아동 개별 학습 자료(기초실기)를 개발한다.

　다) 교사용 지도 자료는 단계화하여 프로그램화하고 아동 개별 학습 자료는 개별 학습이 이루어지게 실제 실기 자료로 활용할 수 있도록 아름다운 문자조형 수집자료, 서고작성 실습지를 A4용지 크기로 출력하여 개발한다.

2) 자료의 구성체계

　본 연구에서 구체적으로 개발해 보고자 하는 지도 자료 전체의 개괄적인내용 구성 체계는 다음 도표와 같다.

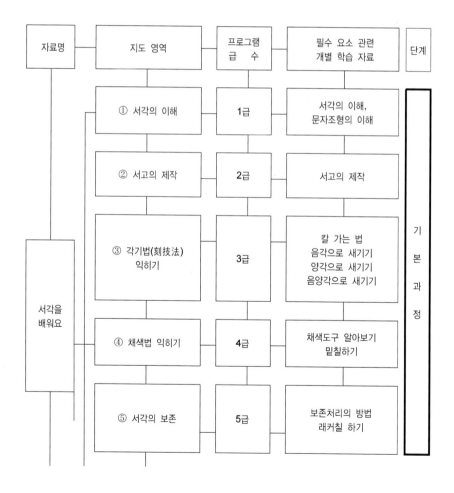

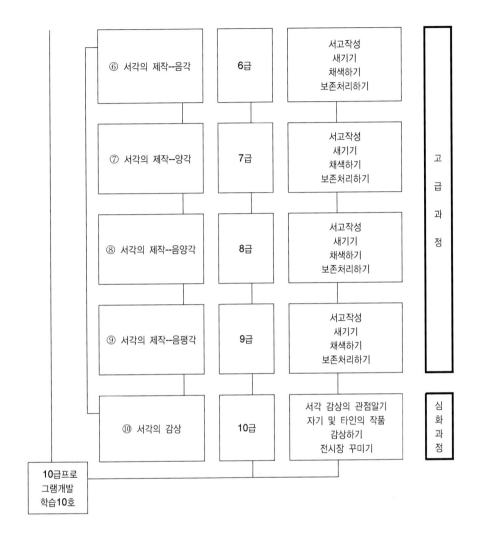

⑥ 서각의 제작--음각	6급	서고작성 새기기 채색하기 보존처리하기	고 급 과 정
⑦ 서각의 제작--양각	7급	서고작성 새기기 채색하기 보존처리하기	
⑧ 서각의 제작--음양각	8급	서고작성 새기기 채색하기 보존처리하기	
⑨ 서각의 제작--음평각	9급	서고작성 새기기 채색하기 보존처리하기	
⑩ 서각의 감상	10급	서각 감상의 관점알기 자기 및 타인의 작품 감상하기 전시장 꾸미기	심 화 과 정

10급프로
그램개발
학습10호

3) 자료 개발의 실제

가) 서각을 배워요(프로그램 10급) 개발 , 교사용 지도 자료는 실천과제에서 추출한 서각 필수지도 요소별 학습내용을 바탕으로 배열 순서에 따라 단계적으로 구성하되 지도의 효율성을 고려하여 부분적으로 배열 단계를 재구성 하여 상설 클럽에 알맞게 계통성 있는 지도가 되도록 <표 4>와 같이 10급으로 프로그램을 개발하였다.

<표 4> 서각 필수 지도 10급 프로그램

번호	지도영역	필수 지도요소	자료 내용
1	서각의 이해	서각 이해하기	서각의 개념, 도구, 재료, 종류 알아보기
2	〃	문자예술의 이해-서예	문자를 매체로 하는 예술-서예
3	〃	문자예술의 이해-레터링	문자를 매체로 하는 예술-레터링
4	〃	문자예술의 이해-캘리그램	문자를 매체로 하는 예술-캘리그램
5	〃	문자예술의 이해-타이포그래피	문자를 매체로 하는 예술-타이포그래피
6	〃	문자예술의 이해-문자도	문자를 매체로 하는 예술-문자도
7	〃	문자예술의 이해-서각	문자를 매체로 하는 예술-서각
8	〃	서각의 제작순서	서각의 일반적인 제작 순서
9	서고의 제작	서고의 제작 ①	서고 제작 원리,
10	〃	서고의 제작 ②	붓을 이용한 서고 만들기
11	〃	서고의 제작 ③	종이를 찢어서 서고 만들기
12	〃	서고의 제작 ④	손가락으로 서고 만들기
13	〃	서고의 제작 ⑤	다양한 재료로 서고 마들기
14	〃	서고의 제작 ⑥	꺾은선 긋기(중봉으로 긋기)
15	각기법 익히기	음각으로 새기기 ①	서고를 음각으로 새기기 방법 칼 가는 법
16	〃	음각으로 새기기 ②	서고 붙이기
17	〃	음각으로 새기기 ③	새기기
18	〃	음각으로 새기기 ④	다듬기
19	〃	양각으로 새기기 ①	서고를 양각으로 새기기 방법
20	〃	양각으로 새기기 ②	서고 붙이기
21	〃	양각으로 새기기 ③	새기기
22	〃	양각으로 새기기 ④	다듬기
23	〃	음양각으로 새기기 ①	서고를 음양각으로 새기기 방법
24	〃	음양각으로 새기기 ②	서고 붙이기
25	〃	음양각으로 새기기 ③	새기기
26	〃	음양각으로 새기기 ④	다듬기
27	색칠을 해보아요	채색요령	채색의 도구, 방법, 밑칠하기
28	〃	음각의 채색	
29		양각의 채색	

30		음양각의 채색	
31	보존법을 익혀요	서각의 보존처리	래커칠의 방법, 래커칠 하기
32	작품을 제작해 보아요-Ⅰ	서각의 제작 ①-음각	서고작성
33	〃	②	새기기
34	〃	③	새기기
35	〃	④	새기기
36	〃	⑤	새기기
37	〃	⑥	밑바탕 칠하기
38	〃	⑦	채색하기
39	〃	⑧	보존처리하기
40	작품을 제작해 보아요-Ⅱ	서각의 제작 ①-양각	서고작성
41	〃	②	새기기
42	〃	③	새기기
43	〃	④	새기기
44	〃	⑤	새기기
45	〃	⑥	밑바탕 칠하기
46	〃	⑦	채색하기
47	〃	⑧	보존처리하기
48	작품을 제작해 보아요-Ⅲ	서각의 제작-음양각 ①	서고작성
49	〃	서각의 제작-음양각 ②	새기기
50	〃	서각의 제작-음양각 ③	새기기
51	〃	서각의 제작-음양각 ④	새기기
52	〃	서각의 제작-음양각 ⑤	새기기
53	〃	서각의 제작-음양각 ⑥	밑바탕 칠하기
54	〃	서각의 제작-음양각 ⑦	채색하기
55	〃	서각의 제작-음양각 ⑧	보존처리하기
56	서각을 감상해요	서각 감상법 ①	감상시 관점알기
57	〃	서각 감상법 ②	자기의 작품 평가하기
58	〃	서각 감상법 ③	타인의 작품 평가하기
59	〃	서각 감상법 ④	타인의 작품 평가하기
60	〃	전시장 꾸미기	전시장 꾸미고 전시하기

나) 서각을 배워요(기초실기 개별학습자료) 개발

a. 아동 개발 학습 자료는 교사 지도 자료(서각 가르치미 프로그램)와 일관성 있게 학습 자료로 직접 활용할 수 있도록 기초 실기에 주안점을 두고 실기 교본자료 1~10호를 제작하였다.

b. 자료의 규격: A4 용지 크기

c. 제작된 자료는 미리 인쇄하여 학생들의 계획적 이용의 효율성을 고려하였다.

d. 개발된 서각부 활동 개별 학습 기초 실기 자료의 목록은 <표-5>와 같다.

〈표 5〉 서각부 활동 개별 학습 기초 실기 자료 목록

호	자료 제목	자료 목록	
1	서각 그것이 알고 싶다	• 서각의 이해 • 문자조형의 탐색 • 서각의 제작 순서	
2	서고가 무엇인고	• 서고의 제작	
3	자! 새김질을 익혀요	• 서각칼 가는 법 • 양각으로 새기기	• 음각으로 새기기 • 음양각으로 새기기
4	서각을 색칠해요	• 채색의 도구 • 양각의 채색요령	• 음각 채색요령 • 음양각의 채색요령
5	서각을 잘 보존하려면?	• 보존처리방법 • 래커칠 익히기	
6	서각, 음각으로 새겨봐요	• 서고작성 • 채색하기	• 새기기 • 래커칠 하기
7	서각, 양각으로 새겨봐요	• 서고작성 • 채색하기	• 새기기 • 래커칠 하기
8	서각, 음양각으로 새겨봐요	• 서고작성 • 채색하기	• 새기기 • 래커칠 하기
9	서각을 감상해요	• 서각감상의 관점 익히기 • 자기 및 타인의 서각감상	
10	서각 축제를 열어요	• 전시장 꾸미기 • 작품 걸기	

다) 자료 활용 방안

a. 10급 프로그램은 서각교육에 대한 지도교사의 지도 자료로 이론과 실기지도에 활용한다.

b. 10급 프로그램은 연간 지도 계획과 일원화하여 활용하며 순차적으로 지도한다.

c. 개별 학습 기초 실기 자료는 복사 제본하여 개인별 능력에 따라 분배하여 스스로 익힐 수 있도록 개인 학습용으로 활용한다.

d. 서각 학습은 여러 번 서고를 작성하는 조형능력과 실제로 문자를 새겨보는 훈련이 중요하므로 배운 기능을 반복하고 한 급수씩 익혀가도록 하여 그 다음 단계의 학습을 하도록 한다.

e. 방과 후 1시간씩 개발자료를 서각시간에 투입하여 결손을 보충하면서 서각의 기능을 높이고 본시 학습지도시 선수학습 보충에 활용한다.

라) 기타 개발 자료

a. 파워포인트 자료: 서각의 용구, 서각도 잡는 방법, 망치 잡는 법, 새김의 기법, 서각 학습 용어 해설도 등을 파워포인트로 제작하여 학습효과를 올리는 데 활용한다.

b. 개인용 서첩 제작: 자기의 서고 작품을 누가 철하도록 활용한다.

기 초 과 정

서각의 이해, 서고의 제작 및 기초적인 각기법 익히기, 채색법 익히기, 서각의 보존 등 기초과정을 익혀, 창의적인 표현력을 발전·신장하기 위한 단계이므로 충분한 이해 및 실습을 익힌다.

1) 서각의 이해

가) 書刻의 歷史[16]

서각이란 글 서(書)자·새길 각(刻) 자이니 글, 즉 문자를 새긴다는 뜻이 된다. 중국의 서예사를 보면 기원전 27세기에 황제의 사관인 창힐은 새나 동물의 발자국을 관찰하여 나무에다 눈금같이 서계 하였다고 한다. 여기서 서계라 함은 '째다', '새기다'라는 의미이니 오늘의 각에 해당된다. 이렇게 보면 서각의 역사는 한자의 기원으로까지 거슬러 올라가는 긴 역사를 갖고 있음을 알 수 있다.

<그림 8> 창힐의 모습
상상도

다른 나라의 경우를 보면 기원전 18세기경으로 추정되는 세계에서 가장 오래된 성문법인 바빌로니아의 '함무라비 법전'과 A.D. 273년, 인도의 아소카왕의 비문이 돌에 새겨져 전해지고 있다.

우리가 잘 아는 갑골문자도 지금으로부터 약 4000여 년 전인 상은대에 거북이나 동물의 뼈에 새긴 글자를 새긴 것이니, 이로 미루어 보면 동서양을 막론하고 글씨를 새겨 기록으로 남기고자 한 서각의 역사는 길다고 할 수 있다.

우리나라의 경우 서각의 유적이 많지 않아 정확한 시기를 가늠하기는 어려우

---

16) 이현춘, 현대서각의 이해

나 이미 고조선 시대부터 중국과 우리나라 사이에는 문화교류가 이루어졌을 것으로 추정하고, 2~3세기경부터 한자가 사용되었을 것으로 본다. 그러나 아직까지 당시의 기록이 새겨진 유적이 발견된 것은 많지 않다. 현재 알려진 것으로는 진대 문자가 새겨진 무기와 한대에 주조된 명문이 있는 동종이 평양부근에서 발견되어 문자 유적으로는 최고의 것에 속한다.

그러므로 우리나라에서도 틀림없이 목재나 금석류에 무엇인가 글자를 새겨 남기고자 하는 행위가 이미 삼국시대 이전부터 있었던 것으로 보아도 좋을 것 같다.

문헌상의 기록으로는 고려 고종 19년(A.D. 1282), 대장경 주조를 위해 중앙에 도감을 두었고, 그 안에는 각자장이 있어 경판, 주조 등 판각의 일을 하게 했다는 경국대전의 기록과 3)조선조 후기 윤종의의 수택본인 대동여지비고 공장조에 관수용의 공장을 세분화했다는 기록이 있다. 즉, 중앙에는 은장, 화장, 인장, 금박장, 칠장, 필장, 조각장, 각자장 등을 두었고, 지방에는 원선장, 유구장 등을 두어 각 분야에서 일을 하게 했다고 한다.

<그림 9> 팔만대장경판

특히 목판에 각자한 판각본으로는 1977년 10월 3일 석가탑에서 발견된 무구정광 대다라니경이 세계 최고의 목각본임이 밝혀졌다. 현재도 우리 주변에 볼 수 있는 옛 사찰과 고궁의 현판이나 주련, 해인사에 소장되어 있는 판각본 팔만대장경을 보면 불교의 융성과 더불어 신라 시대부터 경판인쇄가 퍽 활발했던 것을 알 수 있다.

나) 書藝에서 分化한 書刻

서예와 전각이 맥을 같이 하면서도 서로 다른 것처럼, 서각도 서예와 다르며 전각과도 또 다르다. 그리고 너무나 오랫동안 서예만이 동양의 유일한 문자예술인 양 여겨져 왔고 전각은 항상 뒷전에 방치되어서 우리들에게는 그 높은 예술성이 알려질 수가 없었던 것도 사실이다. 더욱이 일반대중은 평면서와 입체서에 대한 개념을 알 리가 없다.

서예의 붓은 종이 위에서 평행으로 운필되어 평면적 자형으로 면을 지니나, 높이가 없으므로 아무리 중복하여도 2차원의 감각적 표현에 머문다. 그러나 서각은 운도가 되는 순각부터 깊이가 만들어지고 높이가 형성되어 3차원의 입체적 문자 구성인 서예술이 된다.

⊙ 서예, 전각, 서각의 차이점

구분 \ 내용	재료	용구	기법	색	특징
서예	종이	필(붓)	쓰기	흑색	회화적 평면예술
서각	목금석	칼, 끌	조각	다색	조각적 입체예술
전각	목금석	인도	새기기	주로 적색	부조적 판화예술

⊙ 기법화면에서의 세분화의 예

구분	회화와 조각의 분화	전서와 조각의 분화	서예와 조각의 분화
장르	판화	전각	서각
예			

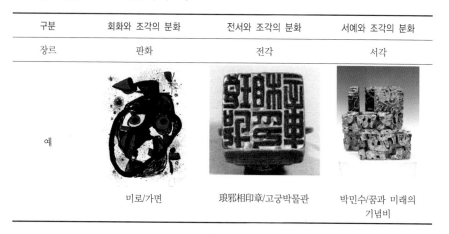

미로/가면   琅邪相印章/고궁박물관   박민수/꿈과 미래의 기념비

이렇게 보면 동양의 문자 예술에는 서예와 전각이 먼저 예술로 정립되고, 현대 서각은 이제 막 새로운 예술로 그 위상을 모색하고자 하는 단계에 와 있다. 그리하여 현대 서각은 서예가나 조각가의 상상을 추월하여 이룩해 낸 새로운 서예술의 장르가 될 수 있을 것이다.

다) 現代造形藝術로서의 書刻

　서각은 서예와 더불어 그 맥이 끊이지 않고 이어져 왔지만, 이를 예술적 차원으로 발전시키려는 노력이 미치지 못하여 이직도 조형미술로서는 전혀 이해가 되지 않고 있다.

　그 이유는 첫째, 서각을 후세에 기록을 남기기 위한 수단으로만 생각했던 점, 둘째, 활자가 발명되기 이전에 인쇄 매체로만 이용하였던 점, 셋째, 문자란 정면성적 2차원의 상으로만 표현되었다는 점, 넷째, 동양의 서나 화는 둘 다 원근법과 명암법을 무시하는 입장이어서 입체미에 대한 관심이 부족했던 점, 다섯째, 서각을 한다는 것은 장인이나 하는 행위로 천하게 보아 이를 연구하는 사람이 없었던 점을 들 수 있을 것이다. 이현춘은 다음과 같이 몇 가지 면에서 서각이 조형미술의 연구 대상이 되어야 함을 설명하였다.

　⊙ 역사적인 면에서

〈그림 10〉 이현춘/용비어천가

　전설적인 이야기로 전하여 오지만 서각은 이미 기원전 2898년경에 창힐이라는 사람에 의해 그림문자가 만들어졌으며, 그는 이것을 나무에 서계, 즉, 조각을 하였다고 한다. 이후 인간은 갑골이나 쇠붙이, 돌, 나무 등에 서각이라고 하는 행위를 지속해 왔던 것이다. 필사도구가 발명되기 이전의 태고에는 칼이 세계 공통의 필사도구였으며, 서예사에서 볼 수 있는 금석문·비문·법첩 등도 각도에 의해 새겨져 그 기록들이 전해지고 있다.

　이처럼 서의 한 행위로의 서각은 우리의 생활 속에서 항상 인간의 미적 조형 양식으로 기록됨은 물론, 건축, 공예의 영역으로까지 발전하여 문자의 입체적 표현이라는 독특한 모습으로 맥을 이어왔다.

⊙ 미학적인 면에서

서예가 동양의 예술이라면 전각은 서예에서 분화된 미술이다. 이러한 관점에서 보면 서각도 서예에서 분화된 서예의 입체 예술이다. 아직도 이에 대한 학적 연구나 창작을 하는 작가의 수가 적지만 현대서각이 분명 새로운 미술임을 미학적인 면에서 규명하고자 한다.

(1) 미술의 본질과 대비

선-각적 서선의 미(刻的 書線美)

점-각적 점획의 미(刻的 點劃美)

형-각적 자형의 미(刻的 字形美)

색-다양한 착색의 미(着色美)

질감-자면과 배면의 촉각의 미(字面과 背面美)

양감-괴에서 나오는 음양의 미(陰陽美)

(2) 미술의 구성 요소와 대비

조화-자면, 배면 및 문자간의 조화의 미

변화-자면의 대소 및 음양의 변화의 미

통일-서체, 각법의 통일미

균형-문자 배치에 따른 구성적 균형미

대조-문자의 대소 각이 음양미

율동-운도에 의한 서선의 율동미

강조-자면과 배면상의 강약의 미

이상에서 살펴본 바와 같이 서각은 회화, 조각, 서예에서와 같이 본질적으로 동일한 미의 조형 원리를 가지고 있음을 우리는 이해할 수 있다.

특히 서각은 서예에서처럼 문자를 내용으로 한다는 점이나, 문자의 조형적 구성미를 추구한다는 점에서 서예와 동일하다.

다만 문자를 표현함에 있어 입체적인 양식을 취하면서 문자를 구성하거나 구축하여 양괴 전체에 여러 가지로 에네르기를 갖게 하여 기운생동의 3차적 음영이나 Volume, 그리고 축각의 실체를 형상화한다는 점에서 조각적이다.

⊙ 문자 소재면에서

문자의 출발이 인간의 생각이나 말을 나타내기 위한 부호이기도 했지만, 오늘날 우리가 쓰는 문자야말로 인산이 창조해 낸 가장 위대한 조형물이다. 그러므로 문자의 조형작업은 이제 평면적 표현에서만 그칠 것이 아니라 입체적 표현으로까지 확대될 수 있다는 것이 현대 서각의 입장이다.

라) 傳統書刻과 現代書刻

무엇이 전통이고 무엇이 현대적이냐 하는 정의를 내리기란 그리 간단치 않다. 전통 서각이라고 하면 과거의 전각, 모각, 판각 등에서 각자의 기법으로 전승되어 온 것이라고 할 수 있다. 그리하여 작품의 서체, 도법, 채법, 양식이 우리 고유의 전통미를 지켜온 서각을 의미한다.

그러나 현대 서각은 필자의 손에 의해 각이 되어야 한다는 점도 중요하지만 앞에서 설명한 바와 같이 평면적인 글씨를 각으로 할 때 각으로서의 입체 개념이나 조형개념을 철저히 추구하는 데 있다. 얼핏 전통의 서체나 기법을 파괴하는 듯한 인상마저 준다.

〈그림 11〉 전통서각의 예/
김각한

⊙ 전통서각과 현대서각의 비교

(1) 전통 서각

(가) 서체-전서, 예서, 해서, 행서, 초서

(나) 기법-필서의 재현적 각법

(다) 양식-평면적 서예 양식

(라) 목적-기록 보전 및 실용성

(마) 느낌-고풍, 담백, 온화, 소박

(2) 현대 서각

(가) 서체-기본 서체에 변화를 가한 개성적인 서체

(나) 기법-입체 표현을 위한 조각법

(다) 양식-입체적 문자 구성 양식

(라) 목적-순수 감상을 위한 예술설

(마) 느낌-박진, 웅장, 생동

〈그림 12〉
현대서각의 예/ 유장식

2) 서고의 제작

서각 작품에 있어서 설계도와 같은 것에 비유할 수 있는 서고는 완성될 서각의
형태를 미라 붓이나 매직, 펜 등의 도구로 미리 형태를 작성한다. 서고의 작성 시
에는 다음과 같은 서고의 원리에 충실해야 한다.

가) 자법(字法)의 원리

〈그림 13〉 도연명의 싯구/
김진희

자법이란 서각의 내용에 대당되는 글귀, 주제 글을
선정하는 일이다. 서각이 성립될 수 있는 조건은 크게
2가지로 생각해 볼 수 있다.

첫째 조건은 문자가 작품의 주체가 되어야 한다는
것이며, 둘째 조건은 그것들을 입체적으로 표현되어야
만 한다는 것이다. 그러므로 문자 없는 서각이란 생각

할 수도 없으며 입체로 표현되지 않는 작품은 서각일 수 없다는 뜻이 된다. 따라서 작품 제작에 있어서 선문(選文), 선구(選句)는 작품의 시작이자 작가의 사상과 철학 등이 담기기 때문에 매우 중요한 일이 아닐 수 없다. 창의적인 자법의 선택 방법은 다음과 같다.

① 명문의 글이 아니라도 좋다. / 읽는 글에서 보는 글 경향
② 차용문보다는 자작문이 좋다. / 적극적인 창작의지 표현
③ 한문, 영문보다는 한글이 좋다. / 가장 한국적인 작가 의식
④ 긴 글보다는 짧은 글이 좋다. / 시대정신과 적극적인 입체 표현

나) 체법(體法)의 원리

〈그림 14〉 금란(金蘭)/
류재학

서각의 체법은 작품에 쓰이는 글이 길든 짧든, 한글이든 한자든 그보다 중요한 것은 어떻게 하면 보다 새로운 서체를 만들어 낼 가에 목표를 두어야 한다. 따라서 새로운 글자꼴을 만들어 낸다는 것이야말로 서각을 하는 사람들에게는 매우 중요하다. 개성이 넘치는 서체, 글 내용과도 어울리는 서체, 이것이야말로 작가의 창조적 조형 역량을 보여주는 부분이다. 그렇다고 여기에 어떤 원칙이나 룰이 있는 것도 아니다. 있다면 전통의 서법과 서체에 대한 고정관념의 틀을 개고 오직 자신만의 조형을 만들어 내는 것이다. 다음에서 서각 작품 속에서 만들어 낼 수 있는 체법의 방법을 살펴보면 다음과 같다.

첫째, 전통의 서체를 기본으로 하되 작가의 조형 사고에 따라 회화적이거나 추상적인 서체를 만들어 낼 수 있다.

둘째, 통일·변화·균형·조화·대조·강조 등 조형의 기본원리를 적용하는 방법을 들 수 있다.

셋째, 점과 획의 단순화나 과장, 풍자 등 데포름(deform)화하는 방법이 있다.

넷째, 상상을 뛰어 넘는 파격적인 해체와 재구성을 시도해볼 수 있다.

다) 장법(章法)의 원리

서각에 있어서 장법의 원리란 글자 구성, 배자 등을 어떻게 배치할 것인가와 관련 있는 원리이다. 장법은 제2의 조형작업이다. 건축의 설계도에 비유할 수 있다. 서각을 하는 사람은 이제 정해진 글자나 무장을 어떤 형식과 양식으로 배치할 것인가에 대한 깊이 있는 조형사고를 요구받게 된다. 예를 들면, 작품의 견고함, 작품 전면에 풍기는 느낌, 작가의 뛰어난 조형의지와 예술성 등이 바로 장법과 통한다고 볼 수 있다. 소위 명화라고 불리는 미술작품들을 살펴보면 이름에 비례할 만큼 작품의 구성력 또한 뛰

〈그림 15〉 풍어제/ 오주남

어나게 우수하다. 우리말 속담에 '구술이 서말이라도 꿰어야 보배'란 말이 있듯이 아무리 잘 만들어 놓은 서체라 하더라도 그 하나하나를 어떻게 다시 화면에 배치하느냐에 따라 작품의 격이 달라진다는 것이다. 그런 의미에서 지금까지 서각작품에 나타난 예를 살펴보면 다음과 같은 사실을 발견해 볼 수 있다.

(1) 1단계 장법의 예
(가) 탈(脫) 줄 맞추기
(나) 점, 획, 글자 크기에 변화 주기

(2) 2단계 장법의 예
(가) 회화적 화면구성
(나) 합자적 화면구성

라) 필법(筆法)의 원리

필법의 원리란 서고작성의 마지막 단계로서 운필, 즉 어떻게 쓸 것인가와 관련 있는 원리이다. 이 단계에서 서각을 하는 사람은 어떻게 쓸 것인가에 대해 여러 모습을 상상해 보아야 한다. 마치 무대 위에 선 오케스트라의 지휘자처럼 힘 있는 글씨, 부드러운 글씨, 속도감 있는 글씨, 중량감 있는 글씨 등은 필자의 운필에 의해 그대로 판가름 나는 것이다. 다시 말해 작품의 작품성과 예술성은 선질에 의해 좌우되는 것이다.

서체와 장법이 아무리 잘 되었다고 하더라도 운필에서 제대로 소화해내지 못

〈그림 16〉 문자조형/ 유장식

하면 서고는 실패로 돌아갈 수밖에 없다. 붓을 통하여 자신이 표현하고자하는 의도를 십분 발휘할 수 있는 길은 붓과 싸우는 길이다. 다음으로 서고의 조건과 원리에 대해 기술해 보면 다음과 같다. 첫째, 많이 써야 한다. 둘째, 일회성이어야 한다. 셋째, 글 내용과 어울려야 한다. 넷째, 쓰는 듯, 그리는 듯 써야 한다.

3) 각법 익히기

가) 칼 가는 법

오윤영(1994a: 74~75)은 서각의 공구 중에서 날을 가진 공구는 항상 사용함에 있어 예리하게 연마해주어야 하며 날이 무딘 경우 각을 할 때 힘이 들고 소재가 가지고 있는 내용을 전달할 수 없게 되고 또한 다치는 원인이 된다고 하였다.

평칼(평도)은 크기별로 준비하는 것이 좋다. 음양각, 음각의 좁은 면, 넓은 면을 사용하고 나뭇결무늬 등 기하학적 무늬를 줄 때 사용한다.

① 앞날 갈기-전후로 진행하며 앞날이 같은 각도로 균일하게 갈아주고 다 간 후에는 날이 일직선을 이루어졌나 점검한다.

② 뒷날 갈기-중간숫돌(막숫돌)을 이용하여 간다.

나) 음각으로 새기기

서각가 김상철(1999)이 제시한 음각의 기법은 다음과 같다.

(1) 서각각도

서예는 한 번 한 운필로 획이 이루어지지만 서각은 서예와 달리 한 번 한 운도로는 획이 이루어지지 않는다. 그러므로 음각의 경우에는 두 번 운도를 해야만 한 획이 이루어 질 수 있다. 운도 방법은 서각도 등을 망치로 가격하여 서각도를 이동한다. 이때 평행으로 지나가면 획이 이루어지지 않으므로 각도를 주어 첫 번째 두 번째 운도를 하여 획을 만들어 준다. 획의 상하 구분 없이 첫 번째 운도를 1도(刀), 두 번째 운도를 2도(刀)라 칭하며 서각은 1, 2도(刀) 각도를 주어 획을 만들어 주는데 이때 각도를 서각각도라 칭한다.

(2) 진행각도

서각각도를 주어 1도 진행 중 서각도를 진행방향으로 숙이기도 하고 뒤로 넘길 수도 있다. 이때 생기는 각도를 진행각도라 칭한다. 보통 그림 '나' 형태로 운도를 하다가 굵은 획은 그림 '가' 형태로 진행각도를 숙여서 망치를 강하게 가격하여 운도하면 칼이 판면(板面)에 깊게 파묻히고 가는 획은 진행각도를 그림 '다'처럼 뒤로 넘기고 망치를 가볍게 자주 가격하여 운도하면 칼이 판면에 얕게 되며 계속 진행하면 서각도가 빠진다. 이런 원리를 이용하여 운도한다.

(3) 글씨 새기는 방법

① 가로획의 경우 칼의 움직이는 방향은 오른쪽에서 왼쪽으로 한다.

② 세로획의 경우 운필방향과 같으며 머리 부분은 나누어 새기는 것이 필의(筆意)를 잘 살려준다.

③ 절필(折筆)은 한 번에 전체 획을 새기는 것보다 나누어 새기는 것이 필의를 잘 살려준다.

④ 전필(轉筆)은 한 번에 새기는 것이 필의를 잘 살려준다.

4) 교차되는 획

나무는 결 쪽으로 찢어지는 성질이 있고 엇결 방향은 부서지는 성질이 있다. 그러므로 교체되는 획은 엇결 쪽 획을 먼저 새긴 다음 결 쪽 획을 새기는 것이 깨끗한 각(刻)을 할 수 있다. 이때 획순은 무시하고 엇결을 먼저 각하여 교차되는 부분의 획이 부서지지 않도록 한다.

그림 '가'의 경우 나뭇결 방향이 가로로 되어있으므로 세로획을 먼저각을 한다. 그림 '나'의 경우 나뭇결 방향이 세로로 되어 있으므로 횡획을 먼저 각을 한다.

가) 書刻鑑賞 理論

예술작품의 감상이란 작품이 가지고 있는 미의 세계에 대한 이해를 통해 감동과 쾌락을 얻고자 하는 데 있다. 또한 이러한 감상은 일반 대중에게는 취미나 정서적인 여가 활동에 그칠 수 있지만 예술가에게는 새로운 창작을 위한 필수적인 것이 되기도 한다.

감상의 목적이 전자이든 후자이든 올바른 감상을 하기 위해서라면 최소하나의 기초 지식은 필요하다.

예를들면, 조각에서 부조 작품을 앞에 놓고 회화적인 면에서 감상한다면 잘못

된 것이면, 서예작품을 보면서 글의 해석에 집착한다면 이것은 완전히 예를 떠난 문학작품을 감상한 결과가 된다.

서각 작품에서도 같은 현상이 일어날 수 있다.

입체서를 평면서의 시각으로 보는 것 같은 경우이다.

현대 서각에 대한 감상을 논하기에는 내 자신이 아직은 충분한 지식은 갖고 있지 않다.

다만 현대 서각을 하고 있는 입장에서 몇 가지 도움이 될 단편적인 지식을 소개하고자 한다.

① 현대서각은 서예에게 분화된 동양의 미술이며 지금까지 알고 있는 전통 서각과 는 달리 필서를 그대로 옮겨 놓은 서각이라기보다는 입체본래의 개념을 전제롤 하는 서의 새로운 입체 예술이라는 점에서 감상해야 한다.

② 입체 미술의 본령인 조각적인 기법, 즉 끌과 망치에 위해 자면이나 배면에 강한 凹凸이 표출되어 Volume과 독특한 터치(touch)가 발생하는 데 이러한 작업을 통해 작가는 자신의 개성, 사상이나 철학 등 미적 감정을 이입하고자 노력한다. 그래서 서각의 시각적인 면과 동시에 촉각적인 것까지도 감상의 초점을 맞추어야 한다.

③ 현대서각에서의 선택된 문자는 흔히 읽기 좋게 배자하거나 서체본형을 그대로 옮긴 것이 아니라 다른 조형예술에서와 같이 보다 더 심층적인 서미를 추구하는 것이다. 서체에 대한 연구와 구도, 이에 적절한 재료와 각법, 다양한 착색(着色) 등, 시리로 서예, 조각, 회화까지 동원되어야 하는 것이 서각이므로, 이것들이 어떻게 조화하여 하나의 작품으로 완성되었나에 대한 감상이 요된다.

④ 서각의 역사는 물론 현대 서각이 발생하게 된 동기, 그리고 다는 미술과의 공통점과 차이점이 무엇인지 가에 대한 사전 지식이 필요하다. 이러한 비교가 병행될 때 올바른 감상이 이루어질 것이면 서각을 통해 새로운 아름다운 서예의 또다른 일면을 발견할 수 있는 것이다.

한편 서각에서 새로운 작품의 양식이나 기술적인 문제를 떠나 한번 좀은 생각해야 할 문제가 있다.

서예난 서각이 한글보다는 한자는 많이 다루게 되는데, 바로 이러한 점이 외국이나 한글세대들에겐 현대 회화나 조각을 이해하는 것보다 더 어렵게 만드는 원인이 되는 것이다.

사실 필자의 경우도 이와 다름없다. 그러나 필자는 그동안 서예 전시장에서 작품을 감상하는 데 그리 큰 불편을 느끼진 않았다.

왜냐하면 한자서에 대한 해석을 하고자 전시장을 드나든 것이 아니라 필서의 조형미에 관심을 가졌기 때문이다. 가사가 없는 음악을 경음악이라고 한다. 가사는 몰라도 좋다. 아름다운 선율 그 자체가 어떻게 보면 더 순수하고 아름답지 않은가!

현대서각에 있어서는 문자의 데포름이 더욱 심하게 나타난다. 문자들은 소재로 하기 때문에 꼭 읽을 수 있어야 한다는 이유로 문자를 그냥 나열할 수는 없다.

작가는 조형적인 것에 더욱 치중하게 되므로 문자에 많은 변화를 가래게 되므로 문자에 많은 변화를 가하게 되므로 문자에 많은 변화를 가해 때로는 추상적인 모습으로 전환되기도 하며, 작품구성도 종래에 볼 수 없었던 회학적이거나 조각적인 구성을 시도하기도 한다. 김태정 교수님은 이에 대해 다음과 같은 문제를 제기하고 있는데 유의할 필요가 있다.

우리가 말하고 쓰는 문자만이 서예가 도릴 수 있다는 통념적 해석을 뛰어 넘어 한글과 한자를 모르는 수많은 세계인과 만날 수 있는 방법은 없을까라고……

그러므로 현대서각은 노랫말의 의미는 모르더라도 모든 사람이 다 같이 공감할 수 있는 경음과도 같은 표현을 추구하고자 한다.

따라서 그 감상 또한 조형의 예술성에 초점을 맞추어 간다면 자연스럽게 현대서각에 대한 올바른 이해와 감상이 될 것이다.

◎ 지도요소: 서각작품 감상카드

급수	9	초등학교	학년 반	이름:
서각 주제			표현방법	
서체			서사도구	
평가 대상	반 이름:			

순	평가내용	평가수준			비고
		상	중	하	
1	주제의 독창성				
2	서고의 조형성				
3	서사도구의 다양성				
4	각법의 충실성				
5	채색의 미				
6	작품의 완성도				
동료평가	특징있게 표현된 점				
	고쳐야 할 점				

2. 서각교육 프로그램 적용 사례

창의적 표현능력을 신장시킬 수 있는 서각중심 교수-학습활동 전개하기

1. 연간활동 계획 수립
2. 창의적 표현능력을 신장시키기 위한 개발자료의 투입
3. 서각지도 수업모형 구안
4. 서각지도 교수-학습과정안 적용

가. 연간 활동 계획 수립

서각 필수 요소의 프로그램과 기초 실기의 개별 학습 자료가 일관성 있게 지도할 수 있도록 연간 활동 계획을 <표 6>과 같이 수립하였다.

〈표 6〉 창의적체험활동 서각동아리 연간 활동 계획

월	주	제 재 (필수요소)	프로그램 급 수	활동 내용	활동 시간	준비물
	2	서각부조직		o 서각동아리 조직 o 서각부에 대한 이해 정도의 파악 o 연간계획 협의	(동) 1시간	·동아리 활동 희망조사서 ·출석부 ·연간활동계획서
3	3	서각의 이해	1	o 서각의 개념, 도구, 재료 o 서각의 종류	(방) 1시간	·서각도구 서고 샘플, ·개별학습자료 1-1호
		서각의 이해	2	o 문자를 매체로 하는 예술-서예	(방) 1시간	·서예 용구 ·개별학습자료 1-2호
		서각의 이해	3	o 문자를 매체로 하는 예술-레터링		·개별학습자료 1-3호
3	4	서각의 이해	1	o 문자를 매체로 하는 예술-캘리그램	(동) 1시간	·개별학습자료 1-4호
		서각의 이해	1	o 문자를 매체로 하는 예술- 타이포그 래피	(방) 1시간	·개별학습자료 1-5호
		서각의 이해	1	o 문자를 매체로 하는 예술-서각	(방) 1시간	·개별학습자료 1-6호

		서각의 이해	1	o 문자를 매체로 하는 예술-전각	(동) 1시간	·개별학습자료 1-7호
4	1	서각의 이해	1	o 서각의 제작 순서	(방) 1시간	·개별학습자료 1-8호
		서고의 제작	2	o 서고의 제작 원리	(방) 1시간	·개별학습자료 2-1호
		서고의 제작	2	o 붓을 이용한 서고 만들기	(동) 1시간	·개별학습자료 2-2호
4	2	서고의 제작	2	o 종이 찢기를 이용한 서고 만들기	(방) 1시간	·개별학습자료 2-3
		서고의 제작	2	o 손가락으로 서고 쓰기	(방) 1시간	·개별학습자료 2-4호
		서고의 제작	2	o 매직으로 서고 만들기	(동) 1시간	·개별학습자료 2-5호
4	3	서고의 제작	2	o 종이 찢기를 이용한 서고 만들기	(방) 1시간	·개별학습자료 2-6
		서고의 제작	2	o 다양한 재료로 서고 작성하기	(방) 1시간	·개별학습자료 2-7호
		각법 익히기 - 음각	3	o 음각으로 새기는 방법 o 칼 가는 방법	(동) 1시간	·개별학습자료 3-1호
4	4	각법 익히기-음각	3	o 서고 붙이기	(방) 1시간	
		각법 익히기-음각	3	o 음각으로 새기기	(방) 1시간	
		각법 익히기-음각	3	o 다듬기	(동) 1시간	
4	5	각법 익히기-양각	3	o 양각으로 새기는 방법	(방) 1시간	·개별학습자료 3-2호
		각법 익히기-음각	3	o 서고 붙이기	(방) 1시간	
		각법 익히기-양각	3	o 새기기	(동) 1시간	
5	2	각법 익히기-양각	3	o 다듬기	(방) 1시간	
		각법 익히기-음양각	3	o 음양각으로 새기는 방법	(방) 1시간	·개별학습자료 3-3호
		각법 익히기-음양각	3	o 서고 붙이기	(동) 1시간	
5	3	각법 익히기-음양각	3	o 새기기	(방) 1시간	
		각법 익히기-음양각	3	o 다듬기	(방) 1시간	

		각법 익히기-음평각	3	o 음평각으로 새기는 방법	(동) 1시간	개별학습자료 3-4호
5	4	각법 익히기-음평각	3	o 서고 붙이기	(방) 1시간	
		각법 익히기-음평각	3	o 새기기	(방) 1시간	
		각법 익히기-음평각	3	o 다듬기	(동) 1시간	
6	1	서각의 채색	4	o 채색의 도구 o 채색요령	(방) 1시간	개별학습자료 4호
		서각의 채색	4	o 음각의 채색	(방) 1시간	
		서각의 채색	4	o 양각의 채색	(동) 1시간	
6	2	서각의 채색	4	o 음양각의 채색	(방) 1시간	
		서각의 보존	5	o 서각의 보존방법 o 락카칠의 방법	(방) 1시간	개별학습자료 5호
		서각의 제작-음각	6	o 서고 작성	(동) 1시간	개별학습자료 6호
6	3	서각의 제작-음각	6	o 새기기 ①	(방) 1시간	서각도구
		서각의 제작-음각	6	o 새기기 ②	(방) 1시간	서각도구
		서각의 제작-음각	6	o 새기기 ③	(동) 1시간	서각도구
6	4	서각의 제작-음각	6	o 새기기 ④	(방) 1시간	서각도구
		서각의 제작-음각	6	o 밑바탕 칠하기	(동) 1시간	서각도구
		서각의 제작-음각	6	o 채색하기	(방) 1시간	채색도구
9	3	서각의 제작-음각	6	o 보존 처리하기	(방) 1시간	락카
		서각의 제작-양각	7	o 서고 작성	(동) 1시간	개별학습자료 7
		서각의 제작-양각	7	o 새기기 ①	(방) 1시간	서각도구
9	4	서각의 제작-양각	7	o 새기기 ②	(방) 1시간	서각도구
		서각의 제작-양각	7	o 새기기 ③	(동) 1시간	서각도구

10	1	서각의 제작-양각	7	o 새기기 ④	(방) 1시간	서각도구
		서각의 제작-양각	7	o 밑바탕 칠하기	(동) 1시간	서각도구
		서각의 제작-양각	7	o 채색하기	(방) 1시간	채색도구
10	2	서각의 제작-양각	7	o 보존 처리하기	(동) 1시간	락카
		서각의 제작-음양각	8	o 서고 작성	(방) 1시간	개별학습자료 8
		서각의 제작-음양각	8	o 새기기 ①	(방) 1시간	서각도구
10	3	서각의 제작-음양각	8	o 새기기 ②	(동) 1시간	서각도구
		서각의 제작-음양각	8	o 새기기 ③	(방) 1시간	서각도구
		서각의 제작-음양각	8	o 새기기 ④	(방) 1시간	서각도구
10	4	서각의 제작-음양각	8	o 밑바탕 칠하기	(동) 1시간	서각도구
		서각의 제작-음양각	8	o 채색하기	(방) 1시간	채색도구
		서각의 제작-음양각	8	o 서각의 보존처리	(방) 1시간	락카
11	1	서각의 제작-음평각	9	o 서고 작성	(동) 1시간	개별학습자료 9
	2	서각의 제작-음평각	9	o 새기기 ①	(방) 1시간	
		서각의 제작-음평각	9	o 새기기 ②	(방) 1시간	
		서각의 제작-음평각	9	o 새기기 ③	(동) 1시간	
	3	서각의 제작-음평각	9	o 새기기 ④	(동) 1시간	
11	4	서각의 제작-음평각	9	o 밑바탕 칠하기	(동) 1시간	
		서각의 제작-음평각	9	o 채색하기	(방) 1시간	
		서각의 제작-음평각	9	o 서각의 보존처리	(방) 1시간	
12	1	서각의 감상	10	o 감상 시 관점 알기	(동) 1시간	개별학습자료 10-1
		서각의 감상	10	o 자기 작품 평가하기	(방) 1시간	개별학습자료 10-2

	서각의 감상	10	o 타인의 작품 평가하기	(동) 1시간	개별학습자료 10-3
2	서각의 감상	10	o 자기작품 포트폴리오	(방) 1시간	개별학습자료 10-4
	서각의 감상	10	o 전시준비 및 감상	(방) 1시간	개별학습자료 10-5

나. 개발 자료 투입 지도

  자료의 투입은 연간 활동 계획에 따라 주로 '즐거운 서각 공부(10급 프로그램'
의 지도 자료 투입과 개별 학습 기초 실기 자료(서각을 배워요)를 투입 지도 하였
는데 개별 학습 자료의 농서 자료는 복사 코팅하여 아동 개개인의 진도에 따라
배부하여 주었으며, 아동 개개인이 해결한 자료는 급수(호)별로 따로 철해 나가도
록 하고 매시간 처음부터 반복 연습한 후에(1/2선화지 3매이상) 새 급수의 자료를
투입 적용하였다.
  또, 서사력 향상을 위해 매시간 지도후 <표 7>과 같은 평가기록표에 아동 개
개인의 서각 학습 진도 상황을 기록하였다.

〈표 7〉 서각 학습 진도 상황 기록표

번호	성 명	급수단계									
		1급	2	3	4	5	6	7	8	9	10
1	김경수	○	○	○	○	○	○	○	○	○	○
2	김재광	○	○	○	○	○	○	○	○	○	○
3	윤정환	○	○	○	○	○	○	○	○	○	○
4	이주환	○	○	○	○	○	○	○	○	○	○

다. 지도의 실제

1) 흥미 유발을 위한 도입 과정

가) 참고 서각 작품의 감상을 통한 도입

여러 종류의 참고 작품을 준비하여 구체적인 작품의 이미지를 파악하게 한다. 참고 작품의 특징 있는 조형이나 기법, 표현을 여러 방향에서 관찰하게 한다. 주제 내용에 관심과 흥미를 갖게 한 다음 각자 표현하고 싶은 내용을 선정하여 무엇을 나타내고 싶은지 생각하게 한다.

나) 서로의 의견 교환을 통한 도입(Brainstorming)

서로 이야기를 나누는 과정에서 화제를 정리하고 중요한 사항은 더 깊이 있게 의견을 교환하도록 한다.
○ 내용의 여러 장면 중 나타내고 싶은 장면 선정
○ 내용 전개 방법
○ 표현 양식·기법·재료·용구 선정

다) ICT를 이용한 도입

참고 작품을 웹사이트, 파워포인트 자료, 슬라이드나 비디오 등으로 제작하여 활용한다.

2) 실습 과정

예술적 가치를 지닌 서각작품의 요건들은 글씨(서제)의 구성미, 즉 서고가 훌륭해야 하며 매체가 가지고 있는 특성을 최대로 살려야 하며 각의 기법이 세련되고 입체적 조형 요건을 갖추었을 때 훌륭하고 보기 좋은 서각작품이 탄생된다. 서각의 실습 단계에서는 서제에 어울리는 조형, 색깔, 각기법 등이 조화를 이루도록 제작한다.

<발상에서 완성 과정 단계>

가) 서제 정하기

서각작품으로 제작하고 싶은 주제(서제)를 정한다.

나) 서고작성

서고란 서각 작품에 있어서 설계도와 같은 것으로 완성될 서각의 형태를 미라 붓이나 매직, 펜 등의 도구로 미리 형태를 작성한 밑그림(밑글씨)을 말한다. 서고 작성법의 원리에 따른다.

<서고의 작성>

자법의 원리	체법의 원리	장법의 원리	필법의 원리

다) 새기기(각기법)

본격적으로 서각을 완성하기 위한 작업이다. 각기법(刻技法)은 크게 양각과 음각으로 구분되지만 이현춘은 이를 세분화하여 음각의 하위부류에는 음선각, 음평각, 음환각 등으로 이름 지었으며, 양각은 양평각, 양변각, 그리고 음양각에는 음구각, 음산각 등으로 구분하였다.

라) 채색하기

서각의 마무리 단계의 색채처리는 서각의 생명과도 같다. 서각에서 색채 구사 시 원래 서각 재료인 매체의 재질감과 표면효과와 색감을 최대한 살리는 게 중요하다.

마) 보존처리

채색이 끝난 후 색깔이 변질되거나 작품의 보존을 위하여 래커를 신나와 배합하여 2~회 정도 칠해준다.

라. 단계별 문자조형활동 프로그램의 구안·적용

창의적인 표현능력 신장을 위하여 문자조형활동 프로그램을 구안한다.

창의적 표현능력의 신장을 위하여 다음과 같이 구조적으로 파악하고 수업에
적용하였다.

1) 창의적 체험활동의 일반적 교수학습모형

서각표현의 지도를 위하여 다음과 같이 구조적으로 파악하고 수업을 구안하여
창의적 표현력이 효율적으로 신장되게 지도하였다. 한국 교육개발원에서 제시한
미술과의 교수·학습의 과정은 계획, 진단, 지도, 발전, 평가의 과정을 영역 및 제
재의 특성에 따라 융통성 있게 적용하여 수업의 효과를 기하도록한 교수·학습 과
정은 다음과 같다.

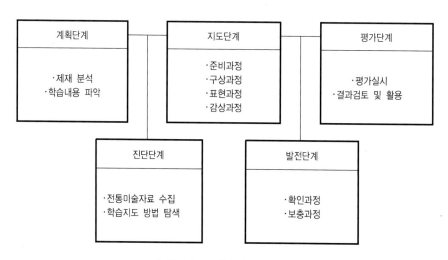

〈그림 17〉 교수학습지도의 단계

가) 계획단계: 수업 계획을 세우는 단계

(1) 제재를 분석하여 수업목표를 명료하게 정하고 하위 활동 과정을 밝힌다.

(2) 교사가 할 일, 학생이 할 일 등과 순서를 정하고 필요한 방법, 자료 등을 밝힌다.

(3) 구체적인 일정과 수업의 장, 교구, 참고자료 등의 제반 준비를 계획한다.

나) 진단단계: 학생의 능력과 다른 여러 가지 수업조건을 진단하고 필요한 조치를 위하여 본 수업이 효과적으로 이루어지게 한다.

(1) 학생의 지각 및 표현 경향과 능력을 진단한다.

(2) 재료, 용구를 다루는 기능적인 경향과 능력을 기능 및 작품 평가, 관찰 평가를 통하여 진단한다.

(3) 감상의 태도와 능력(지각, 이해, 판단)을 진단한다.

다) 지도단계: 차시별로 수업이 진행되는 단계, 수업과정은 표현 학습의 경우, 준비과정, 구사과정, 표현과정, 감상과정으로 나누어 전개한다. 표현학습의 지도단계는 다음의 세 단계로 전개할 수 있다.

〈그림 18〉 표현 학습 지도 단계

라) 발전단계: 지도단계의 연속 내지 여분 활동을 제공하는 단계로 수업목표를 확인하는 과정과 보충하는 과정을 가진다.

(1) 확인과정: 수업목표가 어떻게 성취되었는가를 확인하고, 학생마다의 성취정도를 기록한다.

(2) 보충과정: 심화 활동과 보충 활동의 기회제공, 개별 보충활동이 계획 실시되

어야 한다.

마) 평가단계: 표현이나 감상능력은 점진적으로 발달되기 때문에 미술 평가는 총괄평가를 의미한다. [창의적 표현력 신장 변화 측정]
학기당 3회 정도의 작품평가와 학습활동시의 행동 특성을 수시로 관찰 평가하는 것이 좋다.

2) 창의적 표현능력을 위한 서각지도의 수업모형

미술과 수업과정의 흐름은 한국교육개발원이 제시한 계획, 진단, 지도, 발전, 평가의 과정을 기본 골격으로 하되 교과 영역 및 제재의 특성에 따라 지도단계를 새로이 정립하고 효과적인 학습이 이루어지도록 했다. 지도단계를 살펴보면 다음 <그림 19>과 같다.

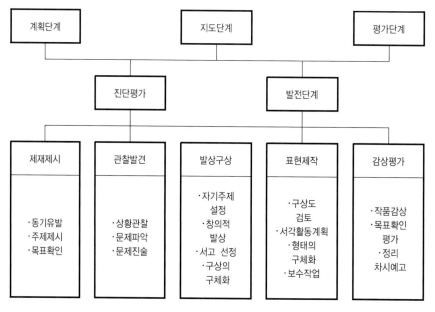

〈그림 19〉 서각 지도시 학습 지도단계 모형

가) 제재 제시: 해당 시간의 학습목표를 깨닫도록 학습동기를 유발하거나 서각과 관련된 주제를 선정하여 제시하며 수업목표를 확실하게 인식시킨다.

나) 관찰 발견: 문제상황을 관찰하고 문제점을 파악하게 하며 표현 방법, 필요한 재료, 용구의 사용법 등을 익힌다.

다) 발상 구상: 자기가 좋아하는 주제를 정하고 필요한 재료, 용구의 사용법 등을 관련지어 창의적인 발상을 하며, 발상된 내용을 보다 자세히 구상한다. 또한 표현 주제를 확실히 포착하고 구체화하며 서각에 사용할 재료, 용구 등의 사용법을 구체적으로 구상한다.

라) 표현제작: 구상도를 검토하여 실제 제작하는 과정으로 재료와 주제에 맞는 절차를 정하고 서각 등의 예술 활동을 통하여 구상한 형태를 구체화하고 끝내기를 한 다음 보수작업을 마치게 한다.

마) 감상평가: 학습목표에 어느 정도 도달하였는가를 각자 평가하고 자기가 의도했던 것이 어떤 결과로 나타났는가를 비교 평가한다. 잘된 점, 고쳐야 할 점등을 실제 보고 교사나 다른 사람의 조언을 듣고 보다 나은 방법을 생각한다. 정리 및 정돈을 하고 차시 학습내용을 인지한다.

3) 서각 급수별 교수-학습과정안

가) 서각의 이해

활동프로 그램급수	1급 / 서각의 이해			
활 동 주 제	서각의 역사와 의미, 특징 이해		대상	서각동아리
장 소	교실		시간	120분
활 동 목 표	● 우리나라 서각의 발달과정을 이해하고 시대를 대표하는 서각유형들을 알 수 있다. ● 서각의 의미와 종류를 알고, 문자조형의 의미를 이해한다.			
단 계	교수·학습 활동			자료 및 유의점
제재 제시	○ 마음열기 ● 팔만대장경판, 현판, 주련을 보면서 형식을 살펴본다. ○ 학습 문제 알아보기 1.우리나라 서각의 발달과정을 이해하고 시대를 대표하는 서각유형들을 알 수 있다. 2.서각의 의미와 종류를 알고, 문자조형의 의미를 이해한다.			*일방적인 설명보다는 다양한 자료를 통해 서 각에 대한 이해를 돕는 다.

관찰·발견	○ 생활 주변에서 놓려있는 다양한 문자조형물의 사례를 발표하기
	● 문자조형물의 예
	  ① 거리의 안내판 ② 교문의 학교명 ③ 고궁의 현판
	  ④ 절의 주련 ⑤ 팔만대장경판 ⑥ 동전 ⑦ 비석
	  ⑧ 가게의 간판 ⑨ 글씨가 새겨진 공예품
				*생활주변에서 문자를
				소재로 한 다양한 조형
				물을 찾아내도록 유도
				한다.

발상·구상	○ 서각 자료를 제시해 주고 표현 방법을 구상해 보게 한다.
	  - 서각의 도구를 제시하고 사용방법을 추측케 한다.
	
	○ 서각의 개념이해하기
	  - '문자조형활동 프로그램' 프린트물 제시
	● 서각의 역사, 의미, 종류 등을 알게 한다.
				*서각도구는 자칫 학생
				들이 다루다 다칠 염려
				가 있으므로 조심해서
				다루도록 지도한다.

표현 제작	○ 느낌 말하기 ● 서각에 대한 느낌 또는 알게 된 점을 발표하거나 글로 쓰게 한다.			*알게 된 점을 학습지 에 기록한다.
감상·평가	○ 서각에 대한 이해 말하기 ● 서각에 대한 설명을 잘 하는가? ● 서각의 도구와 재료를 잘 인식하고 있는가?			

<문자조형문자조형 이해감상자료의 예>

문자조형의 이해를 위한 감상용 자료						1
구분	서각	작가	이현춘	제목	솔 내음	

李炫椿 솔내음

남계 이현춘 선생의 [솔 내음]은 솔 내음이란 문자를 반복적인 방법으로 재배치, 조형화한 작품으로 글자의 강약, 장단, 주빈, 굵고 가늠 등 조형요소가 내재된 수작이다. 이 작품은 양각의 기법으로 석고를 재료로 하여 서각끌 맛이 강하게 표현된 작품이며, 색채 자체가 솔잎 색채를 선정하여 보는 이로 하여금 솔 내음 솔솔 풍기는 향기로운 감정을 제공해준다.

구분	포스터	작가	마사미 시미즈

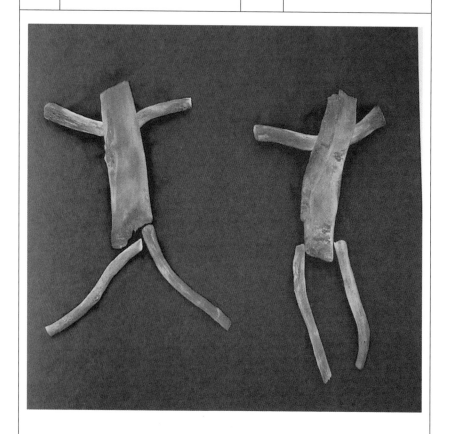

일본작가 마사미 시미즈의 포스터 작품으로 나무조각으로 인체의 모양을 나타내었으며 이는 서각의 글꼴작업에도 도움을 받을 수 있다.

서각에 이해에 대한 학습 결과물

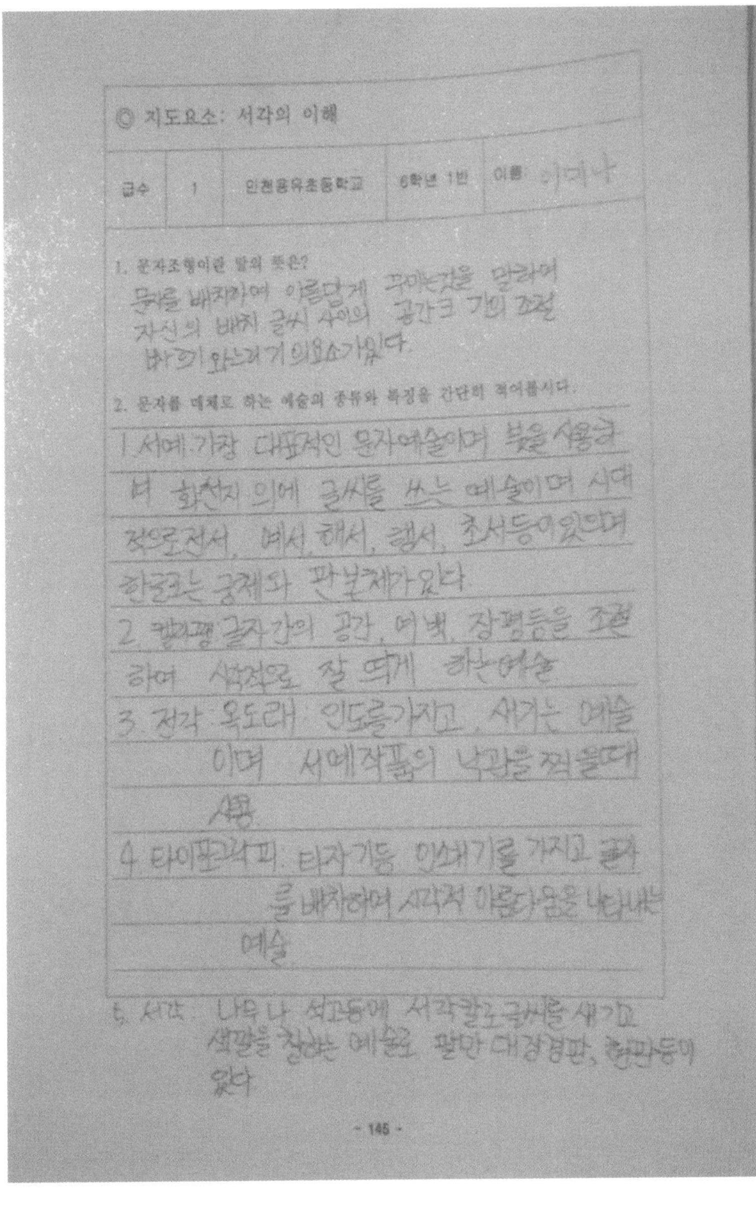

◎ 지도요소: 서각의 이해

급수	1	인천용유초등학교	6학년 1반	이름 이미나

1. 문자조형이란 말의 뜻은?

문자를 배치하여 아름답게 꾸미는것을 말하며 자신의 배치 글씨 사이의 공간크기의 조절 밝기 와느껴기의요소가있다.

2. 문자를 매체로 하는 예술의 종류와 특징을 간단히 적어봅시다.

1. 서예: 가장 대표적인 문자예술이며 붓을 사용하여 화선지 위에 글씨를 쓰는 예술이며 시대적으로 전서, 예서, 해서, 행서, 초서등이 있으며 한글로는 궁체와 판본체가 있다.
2. 캘리그래피: 글자 간의 공간, 여백, 장평등을 조절하여 시각적으로 잘 띄게 하는 예술
3. 전각: 옥도나 인도를가지고 새기는 예술이며 서예작품의 낙관을 찍을때 사용.
4. 타이포그래피: 타자기등 인쇄기를 가지고 글자를 배치하여 시각적 아름다움을 나타내는 예술
5. 서각: 나무나 석고등에 서각칼로 글씨를 새기고 색깔을 칠하는 예술로 팔만 대장경판, 현판등이 있다

- 145 -

[서각의 이해] 6-1 이미나

서각에 이해에 대한 학습 결과물

◎ 지도요소: 서각의 이해

급수	1	인천용유초등학교	6학년 1반	이름: 김경수

1. 문자조형이란 말의 뜻은?
문자를 배치하여 눈으로보기에 아름답게 꾸미는것을 말하며 자기의 배치
글자사이의 공간, 크기의 균형, 빠르기와 느리기의 완가있다.

2. 문자를 대체로 하는 예술의 종류와 특징을 간단히 적어봅시다.

1. 서예 가장 대표적인 문자예술이며 붓을사용하여 한순지에 글씨를 쓰는
예술이다. 시대적으로 전서, 예서, 해서, 행서, 초서 등이있으며 한글글은
궁체와 판본체가있다.

2. 헝태그램 글자간의 공간, 여백, 장평등을 조절하여 시각적
으로 잘뜨게 하는 예술.

3. 전각 옥도레 인두를 가지고, 새기는 예술이며, 서예 작품의
낙관을 찍을때 사용.

4. 타이프 그라피 타자기등 인쇄기를 가지고, 글자를
배치하여 시각적 아름다움을 나타내는 예술.

5. 서각 나무나 석고등에 서각 칼로 글씨를 새기
고, 색깔을 칠하는 예술로. 팔만 대장경판, 현판등이
있다.

[문자조형의 의미와 예] 6-1 김경수

서각에 이해에 대한 학습 결과물

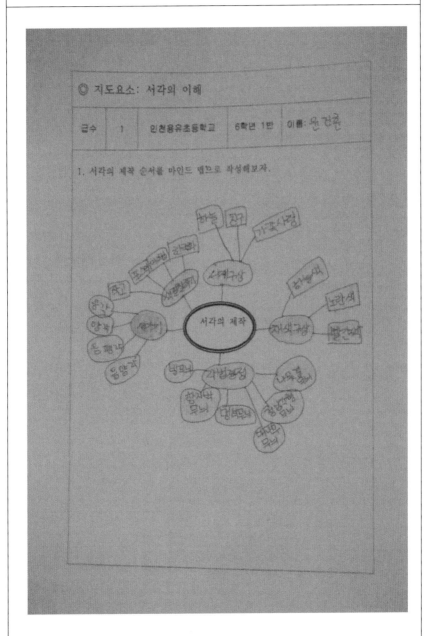

[서각의 제작 순서] 6-1 윤진훈

나) 서고의 제작

활동프로그램급수	2급 / 서고의 제작		
활동 주제	서고의 의미, 서고의 제작 원리	대상	서각동아리
장소	교실	시간	120분
활동 목표	• 서고의 의미를 알고 서고 작성의 원리를 이해한다. • 다양한 서사도구를 이용하여 서고를 작성할 수 있다.		

단계	교수·학습 활동	자료 및 유의점
제재 제시	○ 마음열기 • 서고 자료를 살펴보고 서사도구를 상상해본다. ○ 학습 문제 알아보기 1. 서고의 의미를 알고 서고 작성의 원리를 이해한다. 2. 다양한 서서도구를 이용하여 서고를 작성할 수 있다.	*일방적인 설명보다는 다양한 자료를 통해 서각에 대한 이해를 돕는다.

관찰·발견	○ 서고와 완성된 서각 작품을 보고 서고의 의미와 필요성, 관계에 대하여 발표하기
	  - 서고의 의미
	  - 서고의 필요성
	  - 서고와 서각작품의 관계
		원칙도 없이 글자를 파괴하는 것이 서고작성법이 아님을 인식시키고 서고를 통한 조형미를 탐색하도록 유도한다.

발상·구상	○ 서고 작성의 원리를 제시해 주고 그 특징을 찾아보게 한다.
	  - 서각에서의 서고는 그 자체가 작품이 아니므로 글자의 잘못된 부분에 다시 가필이나 수필이 허용
	  - 서고를 얻어내기 위해서는 다양한 기법까지도 동원
	  - 명문의 서를 읽기 쉽게 나열하는 양식보다는 그것을 더욱 조형화하고 대담한 구도 구성을 시도
		*서각도구는 자칫 학생들이 다루다 다칠 염려가 있으므로 조심해서 다루도록 지도한다.

표현 제작	○ 서고 작성하기
	  - 주제정하기
	  - 서사도구 정하기
	  - 표현하기
	
	○ 다양한 서사도구의 선택
	  - 붓, 종이 찢기, 오리기, 종이를 구기기, 손가락, 젓가락 등으로 작성
	
	○ 느낌 말하기
	• 서고 작성에 대한 느낌 또는 알게 된 점을 발표하거나 글로 쓰게 한다.
		*알게 된 점을 학습지에 기록한다.

감상·평가	○ 서고에 대한 이해 말하기 • 서고의 작성 도구를 다양하게 설명을 하는가? • 자신의 서고 기법, 도구와 재료에 대해 발표하기	

서고의 제작에 대한 학습 결과물

◎ 지도요소 : 서고의 주제를 구상해보자

급수	1	인천용유초등학교	6학년 1반	이름: 김재광

1. 내가 좋아하는 문구나 싯구, 명언, 속담 등 서각 주제(제목)으로 적당한
내용을 써보자.

순	분류	주제 내용	선정이유	비고 (선정시 표시)
1	바다	넓은 마음을 가지고 싶단 의미로	
2	다짐	무엇을 항상두고 다짐하여 뜻 심히할수있게	
3	친구 사랑	서로좋아하는 친구와는 좋은사람을 고가 되려고	
4	금금	금으로써 대하고 금으로서 우러러고	1
5	미소	항상 얼굴에 미소를가득하게 하려는 마음으로	
6	대 (大)	대 자체럼 크게 자라라는 마음으로	3
7	마음	마음 가짐을 잘하기위해서	
8	가족사랑	가족을 사랑하는 의미로	2
9	욕심	욕심으로 자기의 뜻을 넓히 가져라	
10	믿음	언제나 믿음있게 지신만 믿음이 있다는걸 보여주기위해	4

[서고의 주제 구상] 6-1 김재광

서고의 제작에 대한 학습 결과물

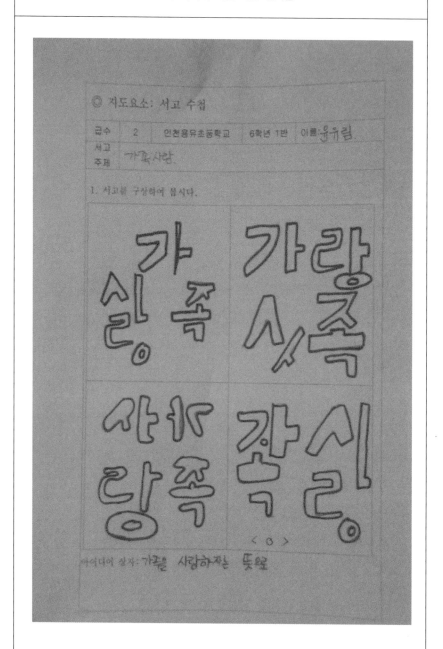

[서고의 구성 연습] 6-1 윤유림

다양한 서사도구를 이용한 서고의 제작 과정

종이를 찢어 서고 만들기

손가락으로 서고 작성하기

매직으로 서고 작성하기

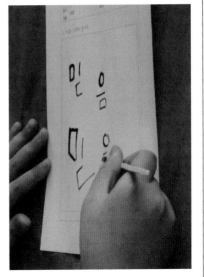

나무젓가락으로 서고 작성하기

붓으로 서고 작성하기

휴지를 구겨서 서고 작성하기

다양한 형태의 서고	
 6-1 장혜림	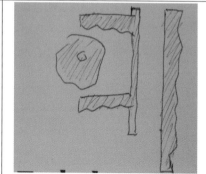 6-1 김지예
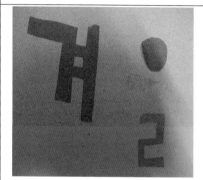 6-1 안상혁	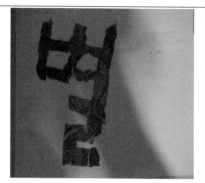 6-1 김이슬
 6-1 한경미	 6-1 이주환

다) 각기법 익히기-음각

활동프로 그램급수	3급 / 서각의 각기법(刻技法) 익히기		
활 동 주 제	서각의 기법 익히기-음각	대상	서각동아리
장 소	교실	시간	**120분**
활 동 목 표	• 서각의 기법의 종류를 이해한다. • 음각으로 새기는 방법을 익힌다.		

단 계	교수·학습 활동	자료 및 유의점

제재 제시	○ 마음열기
	• 음각의 서각작품을 살펴보고 특징을 알아본다.
	
	○ 학습 문제 알아보기
	   1. 서각의 기법의 종류를 이해한다.
	   2. 음각으로 새기는 방법을 익힌다.	

관찰·발견	○ 음각서각의 특징에 대하여 발표하기
	   - 자면(글자면)의 위치
	   - 배면(바탕)의 위치
	   - 음각서각의 각 기법 발표하기
		*일방적인 설명보다는 다양한 자료를 통해 음각의 특징을 스스로 파악하도록 이해를 돕는다.

발상·구상	○ 음각서각을 제작하기 위한 문자조형활동 프로그램 자료를 읽어보고 작성의 원칙을 알게 한다.
	   - 서고작성하기
	   - 나무 다듬기
	   - 서고 붙이기
	   - 서각도 갈기
	   - 글씨 새기기
	   - 탈각하기(나무에 붙인 종이 떼기)
		*기능뿐만 아니라 서고작성활동이 서각 제작의 중요한 단계임을 인식시킨다.

표현 제작	○ 음각으로 새기기
	   - 준비물 확인하기
	   - 서각칼 갈기
	   - 새기기
	
	○ 바탕 고르기
	   - 사포로 글자획이 무너지지 않도록 조심스럽게 사포로 바탕을 고른다.
		*서각도구는 자칫 학생들이 다루다 다칠 염려가 있으므로 조심해서 다루도록 지도한다.

감상·평가	○ 느낌 말하기 • 서각 제작에 대한 느낌 또는 알게 된 점을 발표하거나 글로 쓰게 한다. ○ 음각서각에 대한 이해 말하기 • 음각의 새김질 방법을 설명할 수 있는가? • 자신의 새김질한 목판을 보고 소감에 대해 발표하기	*알게 된 점을 학습지에 기록한다.

다양한 각기법 익히기 과정	
 음각의 제작과정	 음각의 제작과정
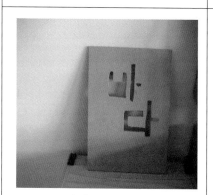 투서각의 제작과정	
 환조서각의 제작과정	 양각의 제작과정

서각의 제작 -음각

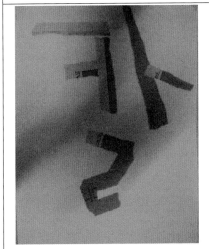

서고/ 6-1 이주환

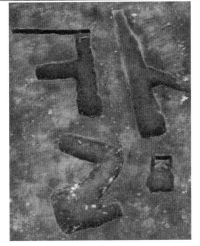

서각-음각/ 6-1 이주환

6-1 김경수

6-1 박유정(위)/ 6-1 하수형(아래)

라) 각기법 익히기-양각

활동프로그램급수	3급 / 서각의 각기법(刻技法) 익히기		
활동 주제	서각의 기법 익히기-양각	대상	서각동아리
장소	교실	시간	120분
활동 목표	• 양각으로 새기는 방법을 익힌다. • 양각에서 바탕처리의 방법을 익힌다.		
단계	교수·학습 활동		자료 및 유의점

제재 제시	○ 마음열기
	• 양각의 서각작품을 살펴보고 특징을 알아본다.
	
	○ 학습 문제 알아보기
	
	  1. 양각으로 새기는 방법을 익힌다.
	  2. 양각의 특징을 이해한다.		

관찰·발견	○ 양각서각의 특징에 대하여 발표하기
	  - 자면(글자면)의 위치
	  - 배면(바탕)의 위치
	  - 양각서각의 각 기법의 특징 발표하기
	  - 바닥무늬 살피기
			*일방적인 설명보다는 다양한 자료를 통해 양각의 특징을 스스로 파악하도록 이해를 돕는다.

발상·구상	○ 양각서각을 제작하기 위한 문자조형활동 프로그램 자료를 읽어보고 작성의 원칙을 알게 한다.
	  - 서고작성하기 - 나무 다듬기
	  - 서고 붙이기 - 서각도 갈기
	  - 1차 글자와 수직으로 테두리 새기기
	  - 1차 따내기
	  - 2차 글자와 수직으로 테두리 새기기
	  - 2차 따내기
	  - 글자테두리를 따라 칼집 넣기
	  - 탈각하기(나무에 붙인 종이 떼기)
	  - 바닥무늬 새기기
			*기능뿐만 아니라 서고작성활동이 서각 제작의 중요한 단계임을 인식시킨다.
			
			*서각도구는 자칫 학생들이 다루다 다칠 염려가 있으므로 조심해서 다루도록 지도한다.

표현 제작	○ 양각으로 새기기
	  - 준비물 확인하기
	  - 서각칼 갈기
	  - 새기기 -바닥무늬 새기기
	○ 바탕 고르기
	  - 사포로 글자획이 무뎌지지 않도록 조심스럽게 사포로 자면 및 배면 바닥을 문지른다.
			*사포질할 때 너무 세게 문지르면 글자획 선이 깎여나갈 수 있으므로 주의한다.

감상·평가	○ 느낌 말하기 • 서각 제작에 대한 느낌 또는 알게 된 점을 발표하거나 글로 쓰게 한다. ○ 양각서각에 대한 이해 말하기 • 양각의 새김질 방법을 설명할 수 있는가? • 자신의 새김질한 목판을 보고 소감에 대해 발표하기		*알게 된 점을 학습지에 기록한다.

6-1 김혜수

6-1 이주환

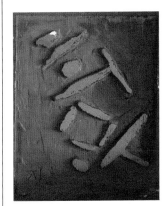

6-1 윤진훈

6-1 안상혁

6-1 김재광

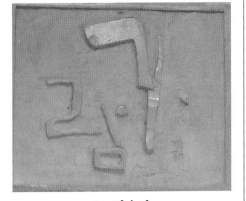

6-1 박유정

마) 각기법 익히기- 음양각

활동프로 그램급수	3급 / 서각의 각기법(刻技法) 익히기		
활 동 주 제	서각의 기법 익히기-음양각	대상	6학년 서각부
장 소	교실	시간	120분
활 동 목 표	• 음양각으로 새기는 방법을 익힌다. • 음양각의 특징을 이해한다.		

단 계	교수·학습 활동	자료 및 유의점
제재 제시	○ 마음열기 • 음양각의 서각작품을 살펴보고 특징을 알아본다. ○ 학습 문제 알아보기 　1. 음양각으로 새기는 방법을 익힌다. 　2. 음양각의 특징을 이해한다.	
관찰·발견	○ 음양각서각의 특징에 대하여 발표하기 　- 자면(글자면)의 모양 　- 배면(바탕)의 위치 　- 음양각 서각의 각 기법의 특징 발표하기 　- 바닥의 처리방법 살피기	*일방적인 명보다는 다양한 자료를 통해 음양각의 특징을 스스로 파악하도록 이해를 돕는다.
발상·구상	○ 음양각서각을 제작하기 위한 문자조형활동 프로그램 자료를 읽어보고 작성의 원칙을 알게 한다. 　- 서고작성하기　　　　- 나무 다듬기 　- 서고 붙이기　　　　- 서각도 갈기 　- 1차 글자와 수직으로 테두리 새기기 　- 1차 글자 가운데 지점에서 새기기 　- 2차 글자와 수직으로 테두리 새기기 　- 2차 글자 가운데 지점에서 새기기 　- 2차 글자와 수직으로 테두리 새기기 　- 2차 글자 가운데 지점에서 새기기 　- 비백새기기　　　　　- 글씨 획 다듬기 　- 탈각하기(나무에 붙인 종이 떼기)	*기능뿐만 아니라 서고작성활동이 서각 제작의 중요한 단계임을 인식시킨다. *서각도구는 자칫 학생들이 다루다 다칠 염려가 있으므로 조심해서 다루도록 지도한다.
표현 제작	○ 음양각으로 새기기 　- 준비물 확인하기 　- 서각칼 갈기 　- 새기기　　　　　- 바닥무늬 새기기	*사포질할 때 너무 세게 문지르면 글자 획 선이 깎여나갈 수 있으므로 주의한다.
감상·평가	○ 느낌 말하기 • 서각 제작에 대한 느낌 또는 알게 된 점을 발표하거나 글로 쓰게 한다. ○ 음양각서각에 대한 이해 말하기 • 음양각의 새김질 방법을 설명할 수 있는가? • 자신의 새김질한 목판을 보고 소감에 대해 발표하기	*알게 된 점을 학습지에 기록한다.

6-1 윤진훈

6-1 박수찬

바) 각기법 익히기-음평각

활동프로 그램급수	3급 / 서각의 각기법(刻技法) 익히기		
활 동 주 제	서각의 기법 익히기-음평각	대상	서각동아리
장 소	교실	시간	120분
활 동 목 표	• 음평각으로 새기는 방법을 익힌다. • 음평각에서 바탕처리의 방법을 익힌다.		

단 계	교수·학습 활동	자료 및 유의점
제재 제시	○ 마음열기 • 음각의 서각작품을 살펴보고 특징을 알아본다. ○ 학습 문제 알아보기 　1. 음평각으로 새기는 방법을 익힌다. 　2. 음평각의 특징을 이해한다.	
관찰·발견	○ 음평각 서각의 특징에 대하여 발표하기 　- 자면(글자면)의 위치 　- 배면(바탕)의 위치 　- 음평각 서각의 각 기법의 특징 발표하기 　- 자면 바닥무늬 살피기	*일방적인 설명보다는 다양한 자료를 통해 음평각의 특징을 스스로 파악하도록 이해를 돕는다.
발상·구상	○ 음평각 서각을 제작하기 위한 문자조형활동 프로그램 자료를 읽어보고 작성의 원칙을 알게 한다. 　- 서고 작성하기　　　　- 나무 다듬기 　- 서고 붙이기　　　　　- 서각도 갈기 　- 1차 글자와 수직으로 테두리 새기기 　- 1차 수직으로 따내기 　- 2차 글자와 수직으로 테두리 새기기	*기능뿐만 아니라 서고작성활동이 서각 제작의 중요한 단계임을 인식시킨다.
표현 제작	- 2차 수직으로 따내기 　- 글자테두리를 따라 칼집 넣기 　- 글씨획 다듬기 　- 탈각하기(나무에 붙인 종이 떼기) ○ 음평각으로 새기기 　- 준비물 확인하기 　- 서각칼 갈기 　- 새기기　　　　　　- 글자바닥 무늬 새기기 ○ 바탕 고르기	*서각도구는 자칫 학생들이 다루다 다칠 염려가 있으므로 조시해서 다루도록 지도한다. *사포질할 때 너무 세게 문지르면 글자획 선이 깎여나갈 수 있으므로 주의한다.
감상·평가	- 사포로 글자획이 무뎌지지 않도록 조심스럽게 사포로 자면 및 배면 바닥을 문지른다. ○ 느낌 말하기 • 서각 제작에 대한 느낌 또는 알게 된 점을 발표하거나 글로 쓰게 한다. ○ 음평각 서각에 대한 이해 말하기 • 음평각의 새김질 방법을 설명할 수 있는가? • 자신의 새김질한 목판을 보고 소감에 대해 발표하기	*알게 된 점을 학습지에 기록한다.

서각의 제작-음평각

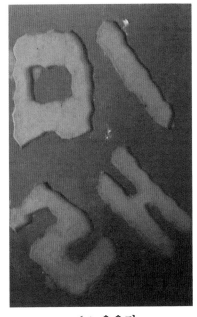

6-1 윤유진

6-1 이주환

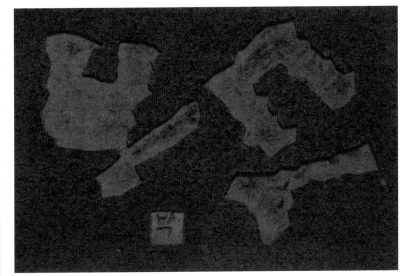

6-1 박유정

사) 채색법 익히기

활동프로그램급수	4급 / 서각의 채색법 익히기		
활 동 주 제	서각의 채색법 익히기	대상	서각동아리
장 소	교실	시간	120분
활 동 목 표	• 채색에 사용되는 재료를 안다. • 다양한 각법에 어울리는 채색법을 익힌다.		

단 계	교수·학습 활동	자료 및 유의점
제재 제시	○ 마음열기 • 서각작품을 살펴보고 채색에 사용된 재료를 예상하여 본다. ○ 학습 문제 알아보기 1. 채색에 사용되는 재료를 안다. 2. 다양한 각법에 어울리는 채색법을 익힌다.	
관찰·발견	○ 각 채색물감들의 특징에 대하여 발표하기 - 한국화 물감 - 아크릴 물감 - 포스터물감, 수채화물감, 유화물감등 - 기타-작고, 베니가라, 알코올 등	*일방적인 설명보다는 다양한 자료를 통해 음각의 특징을 스스로 파악하도록 이해를 돕는다.
발상·구상	○ 음각, 양각, 음평각, 음양각 등 의 기법에 따른 채색 방법의 차이점을 상상하여 보고, 문자조형활동 프로그램 자료를 읽어보고 채색의 방법을 알게 한다.	*다양한 채색도구 중 가장 기초가 되는 작고와 한국화 물감을 가지고 채색을 지도한다. 1가지 작품의 제작이 끝난 후에는 다른 채색도구의 특징을 알게 하고 채색해보게 하여 물감들의 특징을 익히게 한다.
표현 제작	1) 음각: 원색칠하기→유광칠하기→글씨색 칠하기→글씨 속 유광칠하기→무광칠하기→글씨 속 무광칠하기→글자색 칠하기 2) 양각: 글씨표면에 원색 칠하기→글씨표면에 유광 칠하기→착색 칠하기→낙관 칠하기→유광 칠하기→무광 칠하기 3) 음양각: 원색칠하기→유광칠하기→무광칠하기→글씨 색입히기→글씨 속 유광칠하기→무광칠하기→착색칠하기 →마스킹테이프 붙이기→유광칠하기→글씨색 입히기→무광칠하기 4) 음평각: 원색칠하기→유광칠하기→글씨색 입히기→글씨 속 유광칠하기→무광칠하기 ○ 전 시간에 새겨놓은 작품에 채색하기 - 준비물 확인하기 - 채색하기	*서각도구는 자칫 학생들이 다루다 다칠 염려가 있으므로 조심해서 다루도록 지도한다. *사포질할 때 너무 세게 문지르면 글자획선이 깎여나갈 수 있으므로 주의한다.
감상·평가	○ 느낌 말하기 • 채색을 한 후 대한 느낌 또는 알게 된 점을 발표하거나 글로 쓰기 ○ 채색에 대한 이해 말하기 • 각 기법에 따른 새김질 방법을 설명할 수 있는가? • 자신이 채색한 목판을 보고 평가해보기	*알게 된 점을 학습지에 기록한다.

아) 서각의 감상

활동프로그램급수	10급 / 서각의 감상법		
활 동 주 제	서각의 감상법 알기	대상	서각동아리
장 소	교실	시간	120분
활 동 목 표	• 서각을 다양한 관점에서 감상 한 후 느낌을 말할 수 있다. • 서각 감상의 관점을 인식한다.		

단 계	교수·학습 활동	자료 및 유의점
제재 제시	○ 마음열기 • 참고 작품을 살펴보고 떠오르는 느낌과 주제를 예상하여 본다. ○ 학습 문제 알아보기 1. 서각을 다양한 관점에서 감상 한 후 느낌을 말할 수 있다. 2. 서각 감상의 관점을 인식한다.	*일방적인 감상의 관점을 강요하기보다는 자연스럽게 느끼는 개인의 감정을 수용하고 설명보다는 다양한 자료를 통해 작품의 특징을 스스로 파악하도록 돕는다.

관찰·발견	○ 미술작품으로서 서각을 이루는 요소를 찾아보고 발표하기
	  - 선 - 점
	  - 형 - 색
	  - 질감 - 양감
		*다양한 채색도구 중 가장 기초가 되는 작고와 한국화 물감을 가지고 채색을 지도한다. 1가지 작품의 제작이 끝난 후에는 다른 채색도구의 특징을 알게 하고 채색해보게 하여 물감들의 특징을 익히게 한다.

발상·구상
 	
표현 제작
	○ 서각에서 아름다움을 가져오는 조형미의 조건을 찾아 발표해보기
	1) 자법(字法)의 원리
	  ○ 문자가 작품의 주체가 되어야 한다.
	  ○ 입체적으로 표현되어야만 한다.
	2) 체법(體法)의 원리
	  ○ 작가의 조형 사고에 따라 회화적이거나 추상적인 서체를 만들어
	    내었는가?
	  ○ 조형의 기본원리가 적용되었나?
	  ○ 점과 획의 단순화나 과장, 풍자 등 데포름(deform)화하는 방법이
	    반영되었나?
	  ○ 상상을 뛰어 넘는 파격적인 해체와 재구성을 시도하였나?
	3) 장법(章法)의 원리
	  ○ 탈(脫) 줄 맞추기
	  ○ 점, 획, 글자 크기에 변화 주기
	4) 필법(筆法)의 원리
	  ○ 힘 있고 속도감 있는 글씨인가?
	  ○ 중량감 있는 운필인가?
		*서각도구는 자칫 학생들이 다루다 다칠 염려가 있으므로 조심해서 다루도록 지도한다.
		
		*사포질할 때 너무 세게 문지르면 글자획 선이 깎여나갈 수 있으므로 주의한다.

감상·평가	○ 다른 사람의 작품을 보고 감상하기 - 수행평가지에 기록하기 ○ 느낌 말하기 • 채색, 자형, 체법, 장법의 느낌 이야기하기 • 자신이 채색한 목판을 보고 평가해보기	*알게 된 점을 학습지에 기록한다.

마. 서각 작품에서 창의적 표현력의 평가 관점

미술 표현활동의 일반적인 평가 항목은 창의적인 창의적 표현력, 조형 요소와 원리의 효과적인 활용, 적합한 재료의 사용, 표현방법의 적절성과 창의성으로 구분할 수 있다. 창의적 표현력이란 주제의 목적과 특징을 알고 창의적으로 표현하였는가를 생각해보는 것이다. 서각이라는 표현형식에서 창의적 표현력도 이와 같다. 서각 그리기의 제작과정은 아이디어 구상→콘티 짜기→화면연출→표현하기로 크게 구분할 수 있다. 제작과정과 관련하여 서각 그리기에서 창의적 표현력과 관련된 평가 항목은 아이디어 구상, 내용 전개, 화면 연출, 그림 형식과 표현으로 구분할 수 있다.

〈표 8〉 서각의 창의적 표현력 평가 관점

평 가 항 목	평 가 내 용
◉ 아이디어 구상	·창의적인 방법으로 아이디어를 전개하였다. ·사물과 상황의 본질을 파악하고 있다. ·설득력 있는 주제를 선택하고 효과적인 방법으로 표현하였다.
◉ 내용전개	·작품의 주제를 파악하여 설득력 있게 제시한다. ·글과 그림의 조화로 내용과 감정의 표현력이 있다. ·내용전개가 자연스럽고 적절하다.
◉ 화면연출	·내용의 특징적인 부분을 주목하여 표현하였다. ·조형의 요소와 원리를 이해하고 적절히 활용하여 표현하였다.
◉ 그림 형식과 표현	·개성적인 그림 형식으로 표현하였다. ·적절한 사물을 선택하고 특징을 강조하여 표현하였다. ·표현재료를 잘 이해하고 표현하였다.

바. 평가의 결과

1) 서각 감상자료에 대한 자료적 가치

　창의적 표현력 신장을 위해 제시한 서각 감상자료의 자료적 가치에 대한 교사
들의 의견을 요약 제시하면 다음과 같다.

〈표 9〉 서각 감상자료에 대한 자료적 가치 요약

감상자료	자료의 형식	제 안 내 용
서각그리기 ABC	비디오	서각에 관심을 높이고 서각 그리기의 즐거움을 느끼게 하는 자료이다. 인물 표현의 기초를 효과적으로 설명하고 있으나 서양인을 모델로 한 표현이므로 한국인과 서양인의 차이점에 대한 보충설명이 필요한 자료이다.
주제 중심의 서각 감상 자료	컴퓨터 인쇄물	환경, 통일, IMF라는 주제중심으로 서각작품을 선택하여 서각감상에서 주제의 선명성, 아이디어의 독창성, 개성 있는 그림형식을 비교하여 감상할 수 있는 자료이다.
서각 퀴즈	컴퓨터 인쇄물	서각과 관련된 기본적인 이론과 서각의 주제를 감상하게 하는 자료이다. 서각이 생활 속에서 활용되는 예를 인식하도록 한 자료이다.
서각의 이해	컴퓨터 인쇄물	서각의 개념과 특징, 서각의 종류, 서각의 역사, 서각용어를 이론적으로 잘 이해할 수 있는 기본적인 자료이다.
서각 스크랩	스크랩 북	생활 속에서 서각이 활용되는 예를 느낄 수 있는 자료이다. 특히 신문 서각을 스크랩 자료는 서각 구상과 표현에 직접적으로 도움이 되는 자료이다.

2) 서각 활동자료에 대한 자료적 가치

　효율적인 서각지도를 위해 교수학습활동에 제시한 서각 활동자료에 대한 교사
들의 의견은 대체로 단순한 자료이나 미술 표현의 특성인 창작의 즐거움을 경험

하게 하는 자료이므로 수행평가 자료로 활용하기에 좋은 자료라고 평가하였다. 준비물이 복잡하지 않고 창의적인 아이디어 발상을 유도하는 자료이어서 학기 초 활동자료로 이용하기에 좋다는 의견이 많았다. 개별 활동 자료 위주이므로 소집단 활동을 위한 자료를 개발하면 좋겠다는 의견과 조소와 디자인 영역과 관련된 활동 자료 개발이 필요하다는 의견이 있었다.

〈표 10〉 서각 활동자료에 대한 자료적 가치요약

서각 활동 자료	표현특성	제 안 내 용
글을 활용한 서각 활동자료	-상징적 표현 -사실적 표현 -추상표현	◉ 글을 통해 연상할 수 있는 기회를 제공하는 자료이다. 그림이 나타내는 상징성과 표현성을 이해하게 하는 효과적인 수행평가 자료이다. 개별활동자료로 활용해도 좋으나 조별활동 자료로 활용하면 더욱 효과적일 것 같다.
의성어를 활용한 서각 활동자료	-상상적 표현 -추상표현	◉ 문자 디자인 분야도 지도할 수 있으며 조형 요소와 원리를 강조하여 표현할 수 있으며 간단한 재료만을 이용하여 상상력을 개발하기 좋은 자료이다.
무인도 그림을 활용한 서각 활동자료	-상상적 표현	◉ 독창적인 아이디어 전개를 위한 발문이 적절하며 상상적 표현 지도에 적합한 자료이다.
한국의 옛 그림을 활용한 서각 활동자료	-사실적 표현 -추상표현	◉ 우리나라 그림에 대한 관심을 높일 수 있으며 선의 아름다움을 느끼게 할 수 있으며 말칸과 대사의 특성에 주목할 수 있는 활동자료이다.
마그리트 그림을 활용한 서각 활동자료	-상상적 표현	◉ 사고의 유연성, 상상력, 논리적 사고 개발에 적합하다. 개별 활동자료로 활용해도 좋으나 조별 활동자료로 활용하면 더욱 효과적일 것 같다.
인물의 표정과 동작그리기 서각 활동자료	-사실적 표현 -단순화된 표현	◉ 다양한 상황에 따른 인물 표정의 다양함과 신체언어의 특성을 이해하고 표현할 수 있으며 인간 감정의 미묘함을 느끼고 표현하게 하는 자료이다. 생략, 과장 단순하게 표현하는 서각의 특성을 체험하게 하며 캐릭터를 반복하여 연습할 수 있게 한다.

다양한 문자조형활동 프로그램의 적용 후 창의적인 서고, 표현, 색채, 각기법 등의 아이디어를 전개하는 학생들이 많아진다. 주제표현 및 조형감각, 창의적 표현력이 많이 향상되었음을 느낄 수 있다.

〈그림 20〉 창의적 표현력이 신장된 예

위 작품들은 학생들의 문자조형활동 프로그램 교수-학습의 적용 후 창의적으로 나타난 작품들의 예이다. 서체의 종류, 선의 굵기, 강약 등에서 다양한 모양의 선이 이용되었고 , 각(刻) 기법에 있어서도 양각, 음각, 음양각, 음평각, 투각 등 다양한 형식의 작품들이 발표되었고 특히 투각작품은 학생들의 표현의 한계를 극대

화시킨 작품이라 할 수 있다. 또한 채색의 재료도 다양한 형태로 나타나 문자를 인상적으로 표현하고 있으며 조형의 요소와 원리를 적절히 활용하여 주제를 효과적으로 표현하고 있다.

참고문헌

1. 고경화(2003). 예술교육의 역사와 이론. 서울: 학지사. pp.26～27.
2. 고승혜 외 4인(2003). 중학교 1학년 미술교과서 및 교사용지도서. 대한교과서(주).
3. 교육과학기술부(2009). 2009 개정교육과정(2009.12.23 고시).
4. 교육과학기술부·문화체육관광부(2010). 초중등예술교육활성화방안
5. 교육과학기술부(2010). 2009 개정교육과정에 따른 연구·선도학교 담당자 워크숍 자료.
6. 교육과학기술부(2010). 창의성과 인성 함양을 위한 교육내용·방법·평가체제 혁신방안.
7. 김기숙 외 7인(2003). 중학교 1학년 미술교과서 및 교사용 지도서. (주)두산.
8. 김문환(1999). 문화교육론. 서울: 서울대학교 출판부. pp.93～95.
9. 김상철(1998). 알기 쉬운 서각 기법. 이화문화 출판사.
10. 김선원·김홍기(1999). 중학교 서예교과서 및 교사용 지도서. 송산 출판사.
11. 김정희 외 6인(2003). 중학교 1학년 미술교과서 및 교사용 지도. 교학 연구사.
12. 문화관광부·한국문화예술교육진흥원(2006). 문화예술교육정책백서. 서울: 문화관광부.
    pp.24-25.
13. 백령 외(2005). 연구진이 바라보는 '문화예술교육'의 의미,「2005 문화예술교육 우수사례
14. 서석례 외 2인(2003). 중학교 1학년 미술 교과서 및 교사용 지도서. (주)중앙교육진흥연구소
15. 선주선·정상모(1999). 중학교 서예교과서 및 교사용 지도서. 도서출판 태성.
16. 신두영(1999). 중학교 서예교과서 및 교사용 지도서. 우일출판사.
17. 정다운(2008). 초등학생을 위한 토요휴업일 문화예술교육 프로그램 현황 및 개발. 서울교
    육대학교 교육대학원.
18. 정도준(1999). 중학교 서예교과서 및 교사용 지도서. 교학연구사.
19. 정제도(1999). 중학교 서예교과서 및 교사용 지도서. 세기문화사.
20. 정주상(1999). 중학교 서예교과서 및 교사용 지도서. (주)두산.
21. 정충락(1994). 현대서예의 이해. 도서출판 서화인.
22. 한국문화예술교육진흥원, 문화예술교육 교육과정 개발을 위한 기초 연구. 2009. 12.

부록

다양한 형태와 재료의 서각 작품

박선희–차

류인길–첫눈

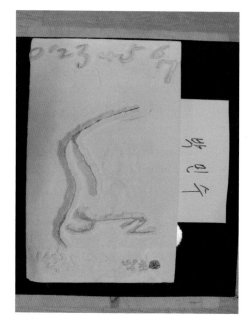

박민수

박민수-공득성불

김선옥—선

이항녕—서각

서양희

이항녕–사랑

걸음마다 그리움이 떠올라서 하늘을 쳐다보면
눈시울이 젖었었지요 생각하면 부질없이 나이만
먹었습니다 그래도 이제는 알수있지요 그리운
이름들을 모두 구름 걸린 언덕에서 키운
나무로 살아갑니다 바람이 불면 둘러시나요

이의 수녑의 시 둘러시나요를 쓴다 우정 조춘자

조춘자

학생 서각 작품

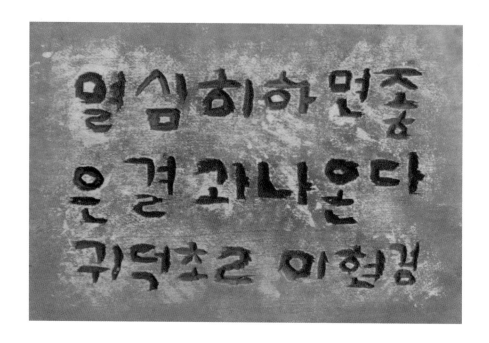

한림초 3 고진희

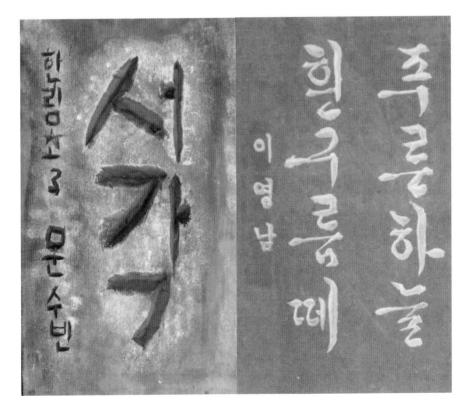

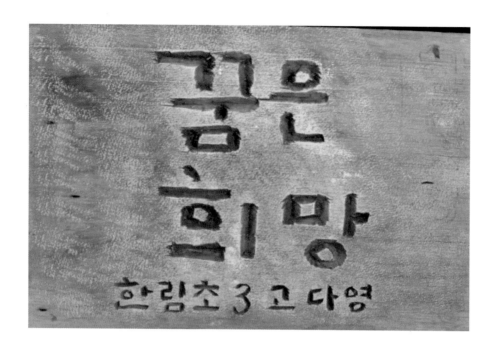

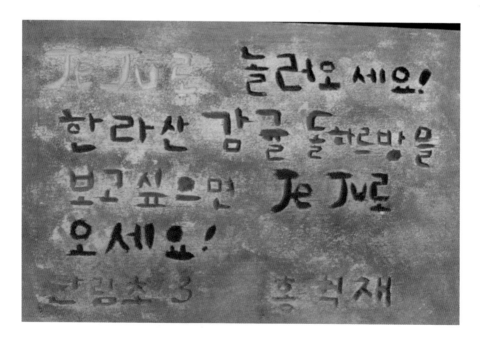

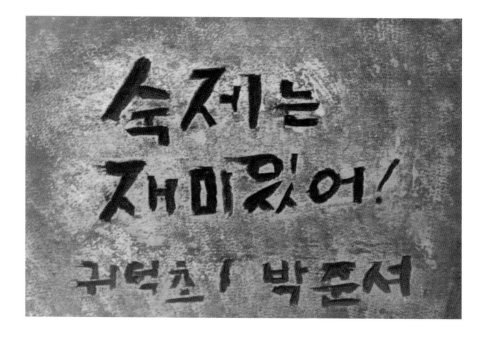

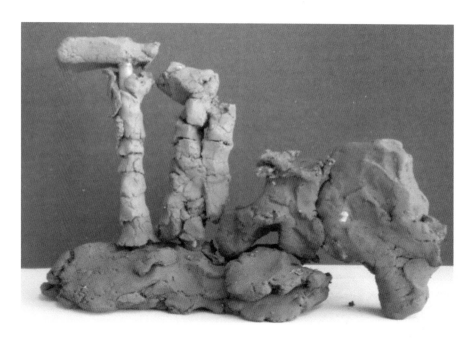

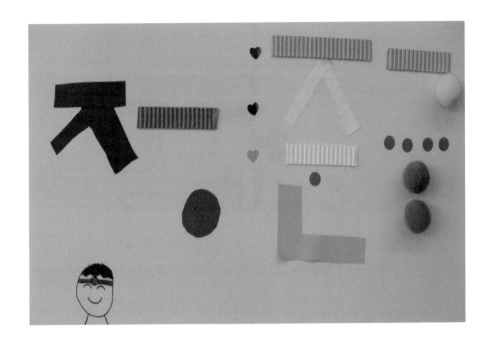

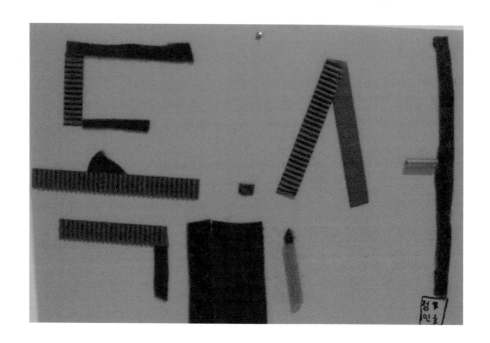

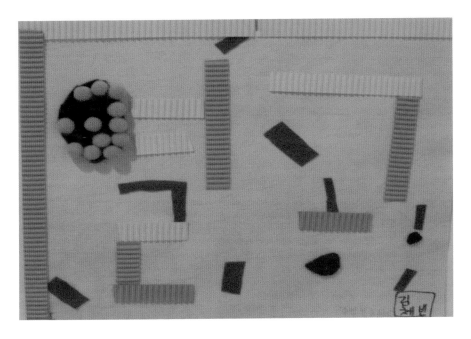

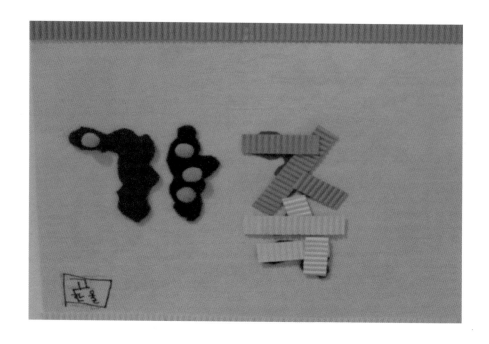

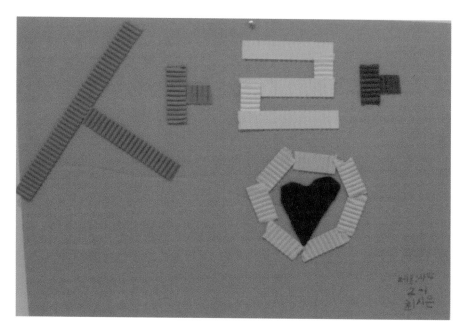

148 교실 속 서각교육의 이해와 실제

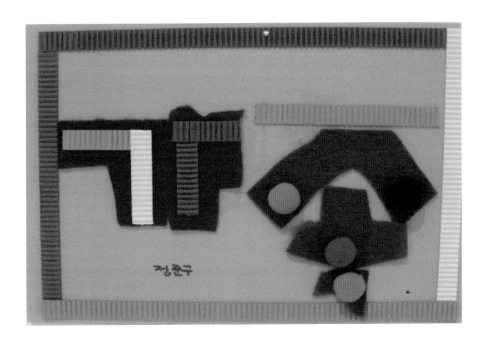

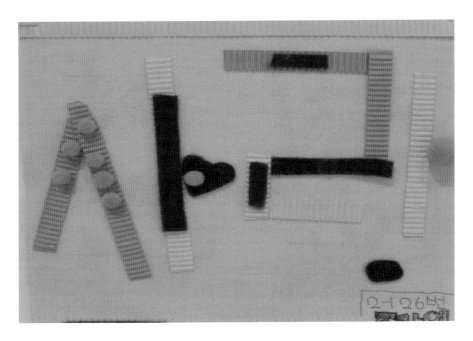

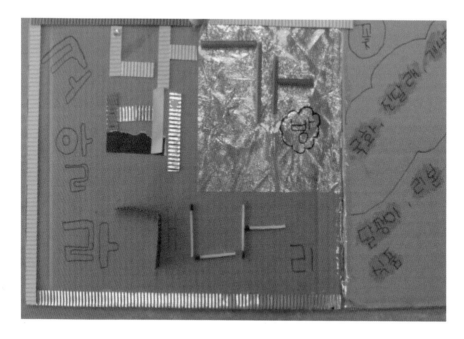

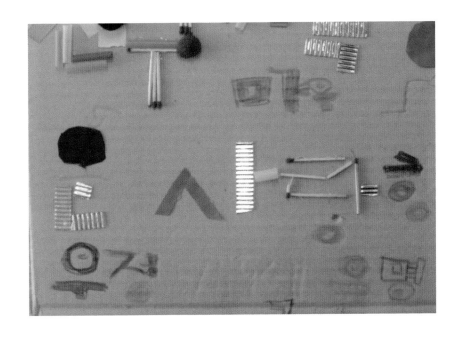

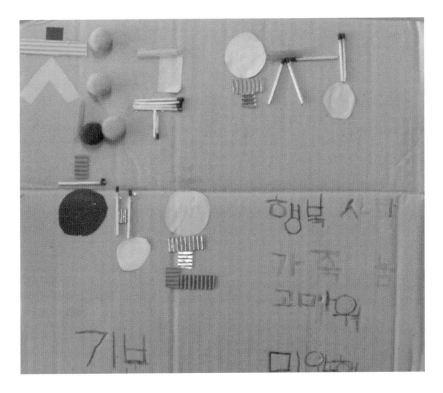

서각서고용

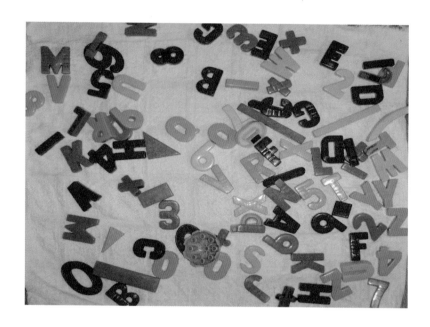

문자도

중국문자

그리스 문자

그림문자―이라클리온 박물관

남해각자

동파문

동파문

동파문

로마의 종교의례에 관한 규칙의 동판

마야 문자

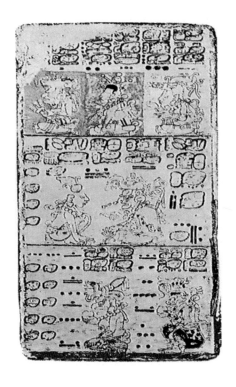

마야 문자

문자거울-원주

미노스기의 점토판

문자추상도

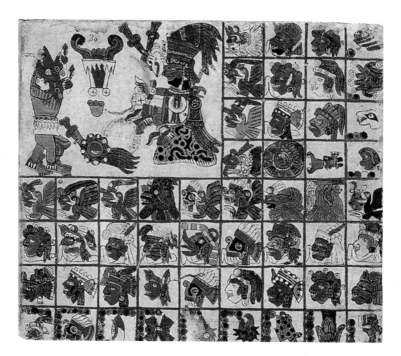

아즈텍 문자

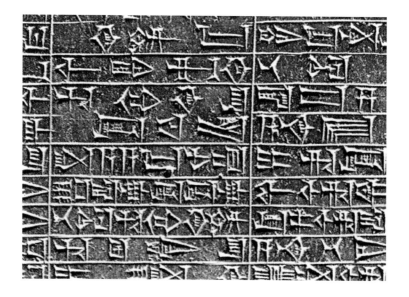

설형문자

수메르 문자

수메르 문자

쐐기문자

위구르 문자

이슬람

이집트 문자

인디언 상형문자

잉카의 결승문자, 페루아마노 박물관

일본 헌터문자

학생문자도

이스터섬의 롱고롱고

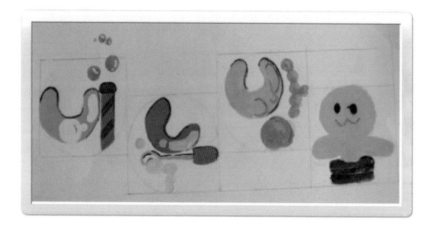

학교 서각 전시회 작품

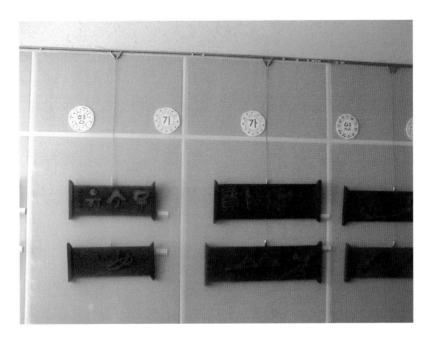

서각대전 작품

금상

남을 위한 마음에는
만복이 모이나니
미련한 생년 초며
동강 쓰다

금상

이항녕 ───

   경인교육대학교 초등교육 학사
   인천대학교 대학원 교육학 박사(교육공학)
   인천대학교 사범대학 교육학 강사
   사단법인 한국서각협회 이사, 홍보분과위원장, 인천지회장
   현) 인천주안북초등학교 교사

김현진 ───

   춘천교육대학교 초등교육 학사
   인천대학교 교육대학원 교육학 석사(컴퓨터교육)
   교육과학기술부 창의인성교육 수업모델 연구
   KERIS 사이버가정학습 진단처방 시스템 평가문항 개발
   현) 인천서림초등학교 교사

교실 속 서각교육의
이해와 실제

초 판 인 쇄 | 2011년 10월 4일
초 판 발 행 | 2011년 10월 4일

지 은 이 | 이항녕·김현진
펴 낸 이 | 채종준
펴 낸 곳 | 한국학술정보㈜
주   소 | 경기도 파주시 문발동 파주출판문화정보산업단지 513-5
전   화 | 031) 908-3181(대표)
팩   스 | 031) 908-3189
홈 페 이 지 | http://ebook.kstudy.com
E - m a i l | 출판사업부 publish@kstudy.com
등   록 | 제일산-115호(2000. 6. 19)

ISBN   978-89-268-2659-1 93370 (Paper Book)
         978-89-268-2660-7 98370 (e-Book)